親子で学ぶ！
統計学
はじめて図鑑

渡辺美智子 監修

青山和裕・川上貴・山口和範・渡辺美智子 著

友永たろ イラスト

日本図書センター

はじめに

みなさん、自由研究は得意ですか？ 学校の宿題の自由研究で、題材選びに迷ったり、具体的なやり方がわからず、困ったことはありませんか？

そんな時、「統計学」の考え方や「統計グラフ」のことを知っていると、とても役に立ちます。

自分で決めたテーマについて調べたことを、どうまとめたらいいのか？ どんな順番でどう説明したら伝わりやすいのか？ 頭を悩ませるところです。

これは大人の世界でも同じです。研究や仕事などで自分がなかまに提案したいことがあっても、それを効果的に伝えられなければ、仕事の場で採用されません。せっかく良いアイディアがあっても、理解してもらえなければ、それは「ない」ことと同じになってしまいます。

「統計学」の「統計」は「統べて計る」と読みます。

身の回りで今、なにが起きているのか？ みんなはなにが好きで、なにを考えているのかなどのテーマ（現象といいます）について調べようとする時、資料やデータを集め、それをまとめる（統べて計る）、そのやり方を教えてくれるのが統計学です。

今、OECD（経済協力開発機構。生徒の学習到達度調査、国際学力テスト

PISAを行っている国際機関）はじめ、アメリカや中国など世界の国々が、統計学を「世界共通の力」であり、小学生から中学生、高校生、そして大学生や大人に至るまで身につけるべき「必要な力」だとして、熱心に教育しようとしています。それは、身の回りの問題を発見し、その状態を調べ、データと資料を統計的に分析して問題を解決するためにはこうしたらいいのでは、という提案に至るまでまとめ上げる、総合的な力です。

じつはこの力は、できるだけ早い時期、つまり子どものころから継続的に学んでいかないと、大人でも急には身につきません。

そこで、親子で楽しみながら統計学の考え方を学べるようこの本を作りました。

この本をぱらぱらめくって、面白い！ と思ったところを1つずつ理解していけば、統計学を使って自分の伝えたいこと（主張）のエビデンス（証拠）を作るコツがだんだんとわかってきます。

それが、ビッグデータに取り囲まれるデータサイエンス時代を生き抜くための、21世紀型スキルです。

それでは、データマンたちと一緒にレッツ、エンジョイ！ データサイエンス！

慶應義塾大学大学院教授　渡辺美智子

親子で学ぶ！統計学はじめて図鑑
もくじ

はじめに ……………………………………………………………… 2

プロローグ★統計学ってどんなこと？

データサイエンスってなに？
アリの目から大きなゾウが見える！ ……………………………… 8

女性初の統計学者が多くの命を救った！
ナイチンゲールの感動のバラのグラフ …………………………… 10

世界で人気の博士は？
統計学博士がだんぜんトップ！ …………………………………… 12

統計学の役割ってなに？
鏡で、羅針盤で、内視鏡！？ ……………………………………… 14

1章★いろんなデータを統計グラフにしてみよう

〈図解〉グラフの種類と目的・特徴 ………………………………… 16

どっちが"質"でどっちが"量"？
データの種類と分け方を知ろう …………………………………… 20

子どもの歯（乳歯）、何本ぬけた？〈1〉
データを集めて絵グラフにしてみよう …………………………… 22

子どもの歯（乳歯）、何本ぬけた？〈2〉
絵グラフからどんなことが見える？ ……………………………… 24

学校でケガをするのはいつ、どんな時？〈1〉
データを棒グラフにして「見える」化を ………………………… 26

学校でケガをするのはいつ、どんな時？〈2〉
棒グラフを使って分析しよう ……………………………………… 28

各県でサッカーをする人の数は？
棒グラフ、多い順に並べてみよう ………………………………… 30

W杯で勝つためには？〈1〉
走った距離を積み上げ横棒グラフに ……………………………… 32

W杯で勝つためには？〈2〉
シュート数を積み上げ縦棒グラフに ……………………………… 34

血液型、日本人とイギリス人で多いのは？
棒グラフ・円グラフ・帯グラフからの発見 ……………………… 36

スギ花粉の飛ぶ量とお天気の関係は？〈1〉
折れ線グラフで変化の関連を見つけよう ………………………… 38

スギ花粉の飛ぶ量とお天気の関係は？〈2〉
棒グラフと折れ線グラフの複合グラフで見る …………………… 40

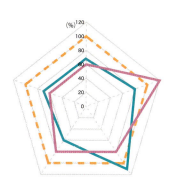

クラスの靴のサイズの傾向は？〈1〉
ドットプロットを使って分布を見よう ……… 42

クラスの靴のサイズの傾向は？〈2〉
ドットプロットから箱ひげ図にして分析 ……… 44

バスケット、どの選手を選ぶ？
箱ひげ図を並べて考えよう ……… 46

紙コプターの滞空時間、どちらが長い？
ドットプロットとヒストグラムで比べよう ……… 48

交通事故の多い都道府県は？〈1〉
ヒストグラムでデータをとらえよう ……… 50

交通事故の多い都道府県は？〈2〉
割合を出してデータを分析しよう ……… 52

靴のサイズと身長の相関関係って？
散布図で２つのデータの関係を調べよう ……… 54

今日はアイスクリームを買う日？
散布図を使って傾向を見つけよう ……… 56

2章★なんで平均を出すのが大事なの？

〈図解〉**平均値、中央値、最頻値の基本** ……… 58

平均ってこんなにすごい！
「平均人」を考えた統計学の父・ケトレー ……… 60

走り幅とびの平均は？
なぜ平均値を求めるかを考えよう ……… 62

真ん中ってどこ？
中央値のいいところを知ろう ……… 64

会社の給料、どっちが高い？
平均値と中央値を比べてみよう ……… 66

公平な採点をするには？
刈り込み平均を活用しよう ……… 68

どこがいちばん多い？
てっぺんの値が最頻値 ……… 70

男子と女子、身長の傾向って？〈1〉
正規分布と平均値のすてきな関係 ……… 72

男子と女子、身長の傾向って？〈2〉
標準偏差でゆとりの幅をもって見よう ……… 74

「学問のすゝめ」のあの人が？
日本に統計を広めた福澤諭吉 ……… 76

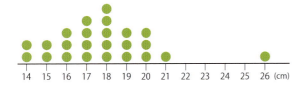

3章 ★ 起こりやすさと確率を考えよう

サイコロ、何回投げてみる？〈1〉
グラフを使って確率を推測しよう ……… 78

サイコロ、何回投げてみる？〈2〉
起こりやすさを考えよう ……… 80

ラッキーなお菓子はどれ？
統計と確率のつながり ……… 82

豪華賞品を当てるには？
条件が変われば確率が変わる ……… 84

勝負中断！ ケーキはどう分ける？
確率で計算してみよう ……… 86

超能力も測ってチェック？
可能性を確率で計算して検討 ……… 88

野球をデータでサイエンス！〈1〉
起こる確率を分布図にして予測 ……… 90

野球をデータでサイエンス！〈2〉
データから割合を求めて予測 ……… 92

4章 ★ おさらい！ 統計グラフのポイント

〈図解〉統計グラフとデータの関係 ……… 94

絵で表せるものは？〈1〉
絵グラフのポイント・分類の基本 ……… 96

絵で表せるものは？〈2〉
絵グラフの長所と短所を知ろう ……… 98

同じに見えてもちがう？
3つの棒グラフが表すものは？ ……… 100

似ていても異なる？
棒グラフとヒストグラムのちがい ……… 102

どこにどれだけ集中してる？
ヒストグラムの柱は面積 ……… 104

集中している項目はどれ？
組み合わされたパレート図 ……… 106

大げさになってない？
その折れ線グラフは正しいか？ ……… 108

割合にするとわかりやすい？
円グラフ、比べる時の注意点 ……… 110

比べる時は縦に並べる？
複数の割合を比べやすい帯グラフ …… 112

どっちがいいといえる？〈1〉
統計グラフで主張を伝えるには …… 114

どっちがいいといえる？〈2〉
統計グラフの活用は切り口次第 …… 116

都合の悪いデータが外れてない？
統計グラフにだまされるな …… 118

加工によってちがって見える？
誤った印象を与える統計グラフ …… 120

5章★統計グラフを使ってなにが見える？

社会科見学！ その現場では？〈1〉
スーパーマーケットの商品管理に統計を …… 122

社会科見学！ その現場では？〈2〉
テレビ番組の視聴率を統計で …… 124

国勢調査からピラミッド？
統計グラフで見る日本と世界の人口 …… 126

昔の小学生もチャレンジ？
社会の問題解決に使われてきた統計 …… 128

問題を解決するには？〈1〉
今、注目したい統計的探究活動 統計グラフ全国コンクール受賞作品紹介 …… 130

問題を解決するには？〈2〉
グラフを組み合わせて伝える力を 統計グラフ全国コンクール受賞作品紹介 …… 132

実際にやってみる？〈1〉
統計的な探求プロセスを使いこなそう …… 134

実際にやってみる？〈2〉
問題→計画→データ→分析→結論 …… 136

総復習！ まず、なにを対象とする？
データを分析する5つのポイント …… 138

エピローグ★統計学の未来

人口知能（AI）のビッグデータ活用って？
"ディープラーニング"を支える統計 …… 140

ビッグデータと3つのV
明日のための統計学 …… 142

プロローグ★統計学ってどんなこと？

データサイエンスってなに？

アリの目から大きなゾウが見える！

「ビッグデータ」や「データサイエンス」という言葉が注目されています。いったいどんなことなのでしょう？

「2人は"最強の学問"ってなにか知ってますか？」

「サイキョウの学問？」

「そういえば『統計学が最強の学問である』（西内啓著、ダイヤモンド社）という本がベストセラーになったって。お父さんも買ってたよ」

「統計ってなに？」

私たちの暮らしの中に、じつは統計は身近にたくさんあります。それに、**統計**の役割は、**ビッグデータ**時代とか**情報社会**といわれる今、どんどん重要になってきています。この本でこれから統計についていっしょに学びましょう！

「難しくないよね……」

「では質問です。目に見えない小さなもの、たとえば花粉を見るにはどうしたらいいでしょうか？」

「理科の授業で、顕微鏡を使って見ました。顕微鏡を使えば目に見えない小さなものが見えます」

「すごい道具だよね。では反対に、**普通では見えない大きなものを見る**にはどうしたらいいですか？」

「見えないくらい大きいもの？」

「たとえば、アリから見たゾウを想像してください。アリにゾウの全体の姿が見

えるでしょうか？ アリになった気分で、アリがゾウの姿を知るためにはどうしたらいいのか、考えてみましょう」

アリ1匹だと見える部分はすごく小さくてゾウの全体の姿はわかりませんが、たくさんのアリが、いろいろなところから見たゾウのデータをまとめたら、ゾウの大体の姿はわかってきます。**見えない大きなもの、全体を見るための道具、**それが**統計**なのです。

「なるほど！」

「**集まったたくさんのデータをビッグデータ**といいます。でも、データは、そのままでは形になりません。**グラフや表を使って見える化**することが大切です。これが**統計**であり、**データサイエンス**なのです！」

統計を使うと、学校全体、町全体、国全体、世界全体、地球全体で、今、なにが起きているか、大きなものが見えてくる！

大きなものを見る力

プロローグ★統計学ってどんなこと？

女性初の統計学者が多くの命を救った！

ナイチンゲールの感動のバラのグラフ

160年以上も前、まだ円グラフもない時代に、データを使って多くの命を救った女性の科学者、ナイチンゲールと彼女の作ったグラフを紹介します。

「ナイチンゲールを知っていますか」

「もちろん。白衣の天使として、戦争中に多くの兵士の看病をした有名な看護師です」

フローレンス・ナイチンゲール 1820－1910年

「じつは彼女は、著名な統計学者でもあります」

「看護師さんなのに統計学者？」

ナイチンゲールはクリミア戦争に従軍していた時、兵舎病院で死亡する兵士の多くが、戦争による負傷ではなく、ばい菌やウイルスによる感染症など、病院内の不衛生が原因で亡くなっていることに気づきました。陸軍に病院の衛生管理の改善を訴えましたが理解されず、そこで、兵士の死亡原因のデータを集め、後に「ナイチンゲールのバラのグラフ」と呼ばれるグラフを考案して表し、女王陛下に直接手紙を送り、説得に成功しました。

ナイチンゲール考案の バラのグラフ

「鶏のとさかグラフ」とも呼ばれ、各月の原因別の兵士死亡者数を表している。

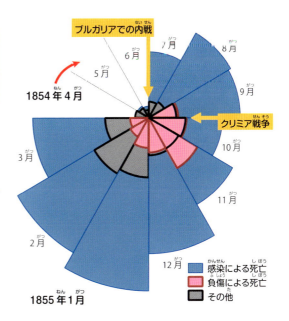

時計回りに、1854年4月～1855年3月の月ごとの兵士の死亡数を中心からの距離で表している。戦争による負傷で死亡した兵士の数が赤、命に関わる負傷ではないのに細菌に感染して死亡した兵士の数が青

「戦争が激化するにつれて、全体の死亡者数が多くなっているけど、圧倒的に、青い色（病院内感染）の方が赤い色（負傷）より多いということが一目でわかる！」

「1855年、陸軍はこの報告を受けて、病院内を衛生的に保つことを命令しています。棒グラフで見てみましょう。1855年4月以降で急に青の部分が少なくなっています。病院感染での兵士の死亡が激減したことがわかります」

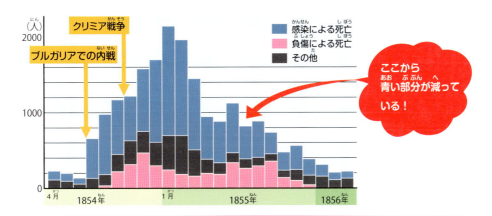

ここから青い部分が減っている！

女性ではじめて統計を使い、戦地で起きていることを知らせ、政策を動かしたナイチンゲール。彼女の残した有名な言葉を紹介しましょう。

「神の御心を知るには統計学を学ばなければならない」

プロローグ★統計学ってどんなこと？

世界で人気の博士は？
統計学博士がだんぜんトップ！

さまざまな分野で専門的な研究をしている博士の中で、将来性で見たランキング1位は統計学博士。それはどういうことでしょうか。

「博士って聞いたことありますか？」

「あります！ ホーキング博士とか野口英世博士とか！」

「ぼくも将来、博士になりたい！どうすれば博士になれるかな？」

博士には経済学博士、教育学博士、理学博士、工学博士、医学博士などがあり、さまざまな分野で研究しています。博士になるには、まず大学で勉強して、それから大学院に進学して研究をします。大学は勉強したい内容に応じて、学部に分かれています。経済学部や教育学部、理学部や工学部、医学部などです。

「2人はどんな学部で勉強したいですか？」

「ぼくのお兄さんは、いま、工学部の大学生です。ぼくも工学部に行こうかな」

「私は将来、看護師さんになりたいので、看護学部かな」

「大学の学部を卒業し、さらにその分野の研究を続けたいとき、大学院に進みます。大学院で研究をして、その成果を論文にまとめると、それぞれの分野でまず修士、次に博士の学位とよばれる称号が与えられます」

2015年の4月、「フォーチュン」(FORTUNE)という、仕事の情報を扱う国際的な雑誌が、世界で将来の仕事を選ぶ上で有利な学問上の資格として博士のランキングを記事にしました。ランキングは、
❶その種類の博士の称号を持っている人の**1年間の収入の中央値**
❷その分野の仕事の**将来性**（2022年までにどれくらい伸びるかの成長率）
❸仕事に非常に**満足**している人の割合
❹仕事に**ストレス**を感じていない人の割合
以上の4つの視点から、総合的に専門機関が分析して順位が決められました。

「ランキングの結果は？」

「**1位が、この本でこれから勉強する統計学の博士です**。2位は、特に、遺伝子や薬剤の効果など人間に関するデータを分析する**生物統計学の博士**、3位が**コンピューターサイエンスの博士**です。この傾向は、この5年間変わらないとか」

「統計学の人気はすごいですね！　ぼくもこの本で統計を使えるようになって、統計学博士を目指したい！」

統計学は他の分野の研究をする上でも、ビジネスや教育、医療の現場などでも広く使われていて、今後ますます重要になってきます。
だから……**誰もが統計の力を身につけ、
統計学の考え方をマスターすることが大切！**

プロローグ★統計学ってどんなこと？

統計の役割ってなに？

鏡で、羅針盤で、内視鏡！？

統計には大きな役割があります。それってどんなことなのか、いっしょに考えてみましょう。

「統計の役割は、鏡、羅針盤、そして内視鏡です」

「どうして鏡？」

「全体のイメージがグラフや数値でわかるから、鏡。たとえば、平均身長や平均体重を知ることで、平均的な小学生の姿が見えてきます。だから、鏡なのです。統計という鏡を通して、集団の現在の姿を見ることができるわけです」

「なるほど！」

「羅針盤は？」

「羅針盤は、これから進む方向を示してくれる道具ですよね。2人は、これから中学生、高校生になっていきます。統計で、平均小学生のイメージをつかめるのと同様に、今の平均中学生、平均高校生の統計を知れば、将来のだいたいの方向性はつかめます」

「小学6年男子の平均身長が145.0cm、中学3年男子の平均身長は165.0cm、

高校3年男子の平均身長は170.7cm。中学の3年間で、平均的に20cm伸びると統計が教えてくれているわけだ！　だから、将来を示す羅針盤！」

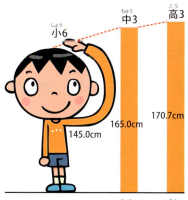

「え〜と、女子の場合は、小学6年生で146.8cm、中学3年で156.5cm、高校3年で158.0cm。とすると、女子は、中学の3年間で、だいたい9.7cmくらい伸びると数字やグラフで予想できるわけですね」

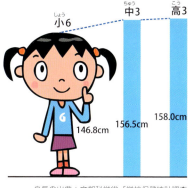

あくまでも平均なので、全員がそうなるわけではありませんが、なにごとにも予想を立てておくことは大切です。

「先手必勝ですね。ぼくはおこづかいがこの先、どうなるか知りたいです。どこかに、これを教えてくれる羅針盤はありますか？」

「金融広報中央委員会の平成22年度調査では、1か月のおこづかいの平均は、中学生で2502円、高校生で5305円とあります」

身長の出典：文部科学省「学校保健統計調査（平成25年度）」

「よし！　中学生になったら、お母さんにこの統計で交渉だ！」

「そして最後は、内視鏡。内視鏡で体の内部の構造が見えるように、統計でもものごとの内部の構造を詳しく見ることができるのです。おこづかいの『構造』も、お手伝いの時間や成績と関係しているかもしれませんよ」

「……」

統計のグラフや数字は次の3つのために使われます。
❶ 全体の姿を見る
❷ 変化を予測する
❸ 関係を見る

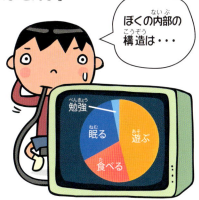

ぼくの内部の構造は・・・

1章★いろんなデータを統計グラフにしてみよう

グラフの種類と目的・特徴

統計では、多くのデータをまとめ、グラフにすることでデータの特徴や傾向をつかみます。グラフの種類と特徴を知ると、目的に合わせたグラフの選び方ができるようになります。

青のページ数はその項に関係するおもな本文箇所。
太書体のページ数は、該当グラフについての題材の箇所。

1 大小を比較するグラフ

◎絵グラフ

子どもの歯（乳歯）がぬけた本数

一番人数が多いのは8本なんだね。

どんなグラフ？
データの数量を絵や記号で表すグラフ。絵を棒に置きかえると棒グラフに、●（ドット）で表すとドットプロットに変身する。

つかいかたは？
テーマに合わせた絵や記号でイメージを伝えたい時に効果的。1つの絵で複数の数量も表せる。ただし、数量を細かく比べたい時には適さない。

1章 22 ～ 25 ページ　4章 96 ～ 99 ページ

◎棒グラフ

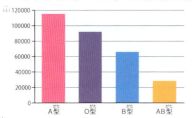
日本人（30万1959人）の血液型別の人数

A型の人数はB型の人数の約2倍だね。

どんなグラフ？
データの数量を棒の長さで表すグラフ。

つかいかたは？
数量の大きさが一目でわかるので、視覚的に表したい時に使う。大きさの順に並べると順位も表せる。

1章 26 ～ 31 ページ、**36 ～ 37 ページ**、
　　40 ～ 41 ページほか　3章 82 ～ 83 ページ
4章 100 ～ 103 ページ、106 ～ 107 ページほか

2 うちわけ（構造）を見るグラフ

◎グラフ

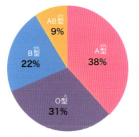
日本人（30万1959人）の血液型の割合
AB型 9%
B型 22%
A型 38%
O型 31%

A型の人数は、全体の約40%だね。

どんなグラフ？
円全体を100%として、それぞれの項目の割合を中心角の大きさで表したグラフ。

つかいかたは？
帯グラフと同じく、うちわけを表すために使えるが、複数のデータを比べる場合は、帯グラフの方がわかりやすい。

1章 **36 ～ 37 ページ**　4章 110 ～ 111 ページほか

16

◎帯グラフ

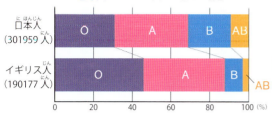

日本人とイギリス人の血液型の割合

どんなグラフ？
長方形の帯全体を100％として、それぞれの項目の割合を、長方形を区切った面積で表すグラフ。

つかいかたは？
左のグラフのように、複数のデータを比べる時は、帯グラフを縦に並べると同じ項目どうしが比べやすくなる。

1章 36～37ページ
4章 112～114ページ

日本人は、O型の人の人数が全体のほぼ30％ぐらいだけど、イギリス人は、全体の40％以上を占めるんだね。

◎積み上げ棒グラフ

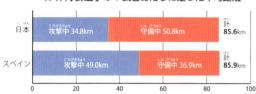

W杯代表選手の1試合あたりに走った平均距離

どんなグラフ？
棒の中に複数の項目を積み上げて表すグラフ。全体の数量も、項目の数量も表せる。棒グラフと同じく、データの数量を棒の長さで表す。

つかいかたは？
左のグラフのように複数の積み上げ棒グラフを並べると、全体量どうし、項目の数量どうしを比べることができる。

1章 32～33ページ、34～35ページ
4章 112～113ページ

日本選手もスペイン選手も走った平均距離の合計はだいたい同じ。でも、日本選手は守備中に長く走り、スペイン選手は攻撃中に長く走っているんだね。

3 変化を見るグラフ

◎折れ線グラフ

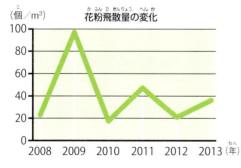

花粉飛散量の変化

どんなグラフ？
データに合わせた点と点を線で結んで数量の変化を表すグラフ。折れ線の傾き方で変化の大きさを表す。

つかいかたは？
横軸に時間の変化を表すことが多く、その場合、時間とともに数量がどう変化するかを表す時系列のグラフになる。数量の変化を見たい時や、将来のことを予測したい時に使う。

1章 38～41ページ　3章 78～79ページ
4章 106～109ページほか

花粉の量は2009年が一番多く、その後は1年ごとに増えたり減ったりしているね。

1章★いろんなデータを統計グラフにしてみよう

グラフの種類と目的・特徴

4 集団全体のばらつきや散らばりを見るグラフ

◎ドットプロット

あるクラスの靴のサイズ

どんなグラフ？
横軸にデータの値を直線で書いて、データの1つ1つを●（ドット）で積み上げたグラフ。データがどこに集まっているかがわかる。

つかいかたは？
集団全体の様子と個々のデータの様子の両方を知りたい時。

1章 42～45ページ、46～49ページ
2章 70～71ページ　4章 98～99ページ

ほとんどのデータが14cmから21cmの間に集まっているけれど、26cmのデータだけ、かけ離れているね。

◎ヒストグラム（柱状グラフともいう）

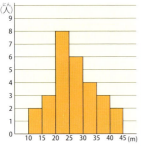
ソフトボール投げの距離（6年1組）

度数分布表

ソフトボール投げの距離(m)	度数(人)
10m 以上～15m 未満	2
15m 以上～20m 未満	3
20m 以上～25m 未満	8
25m 以上～30m 未満	6
30m 以上～35m 未満	4
35m 以上～40m 未満	3
40m 以上～45m 未満	2

どんなグラフ？
集計した度数の分布を表す棒グラフ。柱の面積で階級ごとの度数を表す。1つ1つの数量データではなく、数量データを階級に分けて表す。統計では、大きな力を発揮する。

つかいかたは？
集団全体の様子や傾向を調べたい時、集団の様子どうしを比べたい時。

1章 48～51ページ　2章 72～75ページ
4章 102～103ページ、104～105ページほか

一番多いのは20m～25mを投げている人たちで、8人いるね。全体では20m以上投げている人たちが多いんだね。

◎箱ひげ図

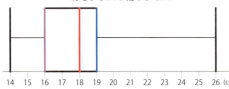
あるクラスの靴のサイズ

上のドットプロットのグラフデータを表している。

どんなグラフ？
データのばらつきや散らばりを、箱と箱からのびる線（ひげ）で、わかりやすく表すグラフ。箱の範囲に入るデータが、集団の標準的な傾向を示す。単純な形でさまざまな情報を伝える。

つかいかたは？
集団全体の様子や標準的な傾向を調べたい時、集団の様子どうしを比べたい時。

1章 44～45ページ、46～47ページ

16～19cmのサイズの人が50％いるんだね。18cmの人が一番多いことや、一番小さい人は14cm、一番大きい人は26cmとか、いろいろわかるんだね。

◎幹葉図

あるクラスの子どもたちの体重

```
5 2
4 01122458
3 3344566677888 9999
2 8
1
```

このクラスでは、体重が30kg台の人が一番多く、50kg台と20kg台の人も1人ずついるんだね。

どんなグラフ？

大きな位を設定している部分を木の幹、下の位の数字を葉に見立てたグラフ。日本の学校では習わないが、ニュージーランドでは小学校4年生で学ぶ。
左のグラフからは、線で区切られた左側の1～5は、10の位を表す。4の段は右側の数字にすべて40をつけて「40、41、41、42、42、44、45、48」と読む。40kg台の子が1人、41kgの子が2人いることや、40kg台は全部で8人いることがわかる。

つかいかたは？

データ全体の様子を調べたい時、全体の様子どうしを比べたい時。

5 パターン（型）を見るグラフ

◎レーダーチャート

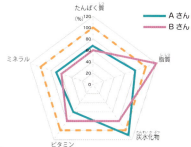

Aさんは、炭水化物を少し控え、他の4つの栄養素をより多くとると、バランスが良くなるんだね。

どんなグラフ？

中心をゼロ、角の頂点を最高値に設定して、1項目ずつのデータに合わせて点を打って線で結ぶグラフ。全体のパターン（型）を一目で比較できる。形が電波を発して探知するレーダーに似ていることから、名づけられた。形のゆがみはバランスが崩れていることを表す。

つかいかたは？

複数のデータの項目どうしのバランスや特徴を見たい時。

6 関係を見るグラフ

◎散布図

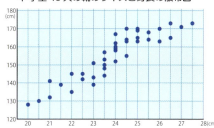

靴のサイズが一番小さい人は20cmで、身長は130cm弱なんだね。靴のサイズが大きい人は背も高いんだね。

どんなグラフ？

点の並び方や集まり方でデータの傾向を表すグラフ。縦軸と横軸のデータの関係性を示す。点が右上がり、または右下がり集まっている場合、縦軸と横軸のデータには「相関関係がある」という。

つかいかたは？

あるデータとあるデータの関係を調べたい時。

1章 54～55ページ、56～57ページ

1章★いろんなデータを統計グラフにしてみよう

どっちが"質"でどっちが"量"？
データの種類と分け方を知ろう

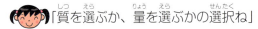

データにはいろいろな種類があります。種類のちがいを考えていくことが、データサイエンティストへの第一歩です。

「さあ、究極の選択です！　少ししかない、すごくおいしいチョコレートと、味は劣るけど、量はたくさんのチョコレート、どちらを選びますか？」

「質を選ぶか、量を選ぶかの選択ね」

「質は英語でいうとクオリティー（Quality）、量はクオンティティー（Quantity）。じつはデータの世界も、質的なデータ（クオリテーティブ・データ）か、量的なデータ（クオンティテーティブ・データ）かで2種類に分けられます」

そもそもデータとは、興味や関心のある対象の特徴を調べるために、観察して得られるものです。たとえば、小学生の特徴を調べるとすると、どんなデータを取ったらいいと思いますか？

「好きな食べ物とか、1か月のおこづかいの額とか、家での勉強時間とか……」

「ハンドボール投げの記録とか、得意な科目とか、塾に通ってるかとか……」

「それでは、ペットの犬の特徴は？」

「毛の色とか、大型犬か小型犬かとか、体重とか……」

「そうです！　それらはみんな、質的データか量的データかに分けられます。質的データは、種類のちがいや区別を表すようなデータをいいます。たとえば、得意な科目は、体育、算数、音楽、国語などの科目名のちがいで記録されるので、これは質的データです」

「『塾に通っているかどうか』は、通ってる、通っていないの2つで答えられるので、**質的データ**だ！」

「**量的データ**のほうは、答えが数量で記録されるデータです」

「おこづかいや家での勉強時間は、**量的データ**ですね。ペット犬の体長や体重も」

「ハンドボール投げの記録も**量的データ**だ！」

「よく理解できましたね」

料理するときに材料のちがいが大切なように、データの種類のちがいを知ることが、グラフを選ぶときに大切になるのです。

データサイエンティストになれるかも！

データには次の2種類があります。
❶ **質的データ**…種類のちがいや区別を表すもの
❷ **量的データ**…数量で記録されるもの

1章 ★ いろんなデータを統計グラフにしてみよう

子どもの歯（乳歯）、何本ぬけた？〈1〉
データを集めて絵グラフにしてみよう

バラバラのデータからなにかを見つけるには、順番に整理する必要があります。まず、ぬけた子どもの歯の本数を数えてみましょう。

「きみたちは、今、子どもの歯は何本ぬけていますか？」

「ぼくは 10 本かな！」

「私は 7 本ぬけています！」

「小学校2年生のあるクラスの子どもたちに、子どもの歯は何本ぬけているか聞いてみました。ぬけている本数は、1人1人違いましたが、その**本数（データ）** をまとめると**特徴**が出てきます」

下の図は、2年生32人にぬけた歯の本数を聞いて、顔マークにその本数を書いたものです。

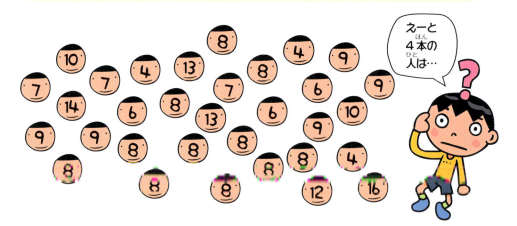

「これでは、**何本ぬけている人が一番多いか**や**何本から何本までぬけている人がいる**ということなどはすぐにわかりませんね？」

では、ぬけた本数の**ばらつき方（分布）**がわかるように、上の顔マークを並べ替えて整理してみましょう。

同じ本数どうしをグループにして整理してみました。

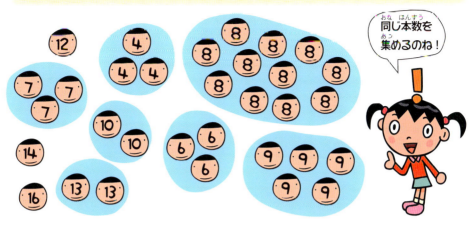

同じ本数を集めるのね！

下の図は、横軸にぬけた本数を小さい順から書き、それぞれに顔マークを縦に積み上げたものです。縦軸は人数（度数ともいいます）を表します。このようなグラフを絵グラフと呼びます。

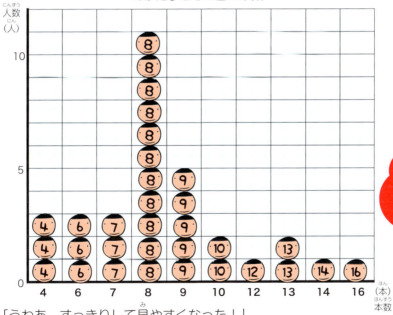

ぬけた子どもの歯の本数

横軸の本数は左から右に順番に並べる

「うわあ、すっきりして見やすくなった！」

一見、ごちゃごちゃした情報も、
分けて数えて、並べ替えると特徴が見えてくる

次のページにつづく

1章 ★ いろんなデータを統計グラフにしてみよう

子どもの歯（乳歯）、何本ぬけた？〈2〉
絵グラフからどんなことが見える？

絵グラフを作ったら、今度はそこからどんなことを読み取れるかを考えていきましょう。

「前のページでは、ぬけた歯の本数を顔マークに書きました。そして本数の**ばらつき方（分布）**がわかりやすくなるように、顔マークを並べ替えたのが下の図です。すっきりして見やすくなりましたね」

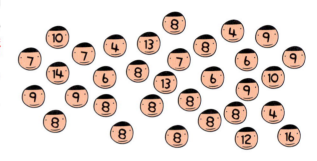

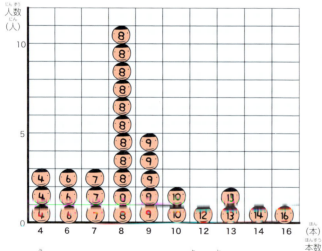

横軸は本数を縦軸は人数（度数）を表すんだね

「この絵グラフからどんなことが読み取れますか？」

「8本ぬけている人が、すごく多い！」

「4本から16本までぬけている人がいるわ！」

最も多い値（8本）や、**最小値**（4本）と**最大値**（16本）で特徴をつかめましたね。

「他になにか気がついたことはありませんか？」

「あれ！？ 左ページの絵グラフの目盛り、なにか足りないよ……」

「よく気づきましたね！」

横軸に書かれていない本数があり、たとえば5本、11本などがあります。4本から16本までの数字を全て横軸に書き足すと、下の絵グラフになります。どんなことが読み取れますか？

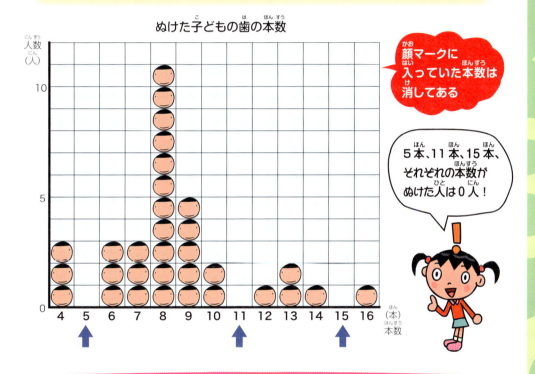

ぬけた子どもの歯の本数

顔マークに入っていた本数は消してある

5本、11本、15本、それぞれの本数がぬけた人は0人！

上の絵グラフからつかめることは次の2つです。

❶ 6～10本のあたりに人数が集まっている

❷ たくさんぬけている子は少ないが、いる
　（ぬけた本数の分布は、右にゆがんでいる）

この他に、次のように予想できる人もいるでしょう。

ぬけた本数の平均は、8～9本の間ぐらいのあたり

実際に平均を計算すると、約8.2本になります。

1章 ★ いろんなデータを統計グラフにしてみよう

学校でケガをするのはいつ、どんな時？〈1〉
データを棒グラフにして「見える」化を

体育の授業中や休み時間に遊んでいて、ケガをすることがありますね。学校でのケガを防ぐ方法ってあるでしょうか。データを整理して、棒グラフに変えてみましょう。

🎧「ケガをしない方法ってあると思いますか？」

👧「転ばないようにしたり、危ないことはしないようにすればいいわ」

🎧「ふだんから気をつけることは大事ですが、注意してばかりはいられませんよね。では、いつどこでケガをするか、傾向がわかっていたらどうですか？」

👦「ええっ！ そんなことがわかるの？」

🎧「100%は予想できませんが、データを取ればある程度はわかります」

下の表は、ある小学校の保健室で集めた2013年4月～12月の児童のケガの記録の一部です。このデータからケガをしやすい**時間**や**場所**などを探ってみましょう。

この表は12月まで続く記録のはじめの部分

月	日	曜日	天候	時刻	学年	性別	場合	場所	内/外	部位	種類
4	9	火	くもり	8:00	2	女	登校中	通学路	外科	膝部	擦過傷
4	9	火	くもり	8:05	3	女	登校中	通学路	外科	膝部	擦過傷
4	9	火	くもり	10:45	3	男	放課	廊下	外科	膝部	打撲
4	11	木	晴れ	10:30	2	男	放課	運動場	外科		擦過傷
4	11	木	晴れ	12:00	6	男	学級活動	体育館	外科	上腕	打撲
4	11	木	晴れ	13:45	2	男	放課	教室	外科		打撲
4	12	金	晴れ	10:40	1	男	放課	運動場	外科	ひじ	擦過傷

「場所や時間もバラバラで、よくわからないよ」

「このままではわかりにくいですね。そんな時は、グラフにまとめるとわかりますよ。まず、月ごとの人数を表にしてみましょう」

月	ケガ人数
4	40
5	53
6	38
7	18
8	0
9	72
10	70
11	41
12	51

表の中の月という欄に注目して、それぞれの月でケガをした人の数をまとめます。この表をもとに、棒グラフを作りましょう。グラフの横軸に4月から12月まで書き、縦軸に人数の目盛りをつけましょう。それからそれぞれの月のケガをした人数の分だけ棒を伸ばしてみましょう。

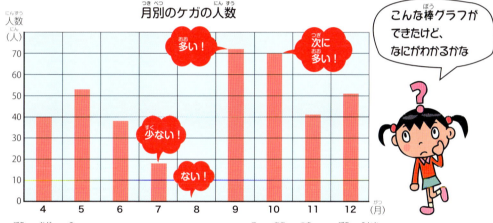

「棒が長く伸びているところはケガをした子が多い月で、棒が短いところはケガをした子が少ない月だね」

「8月は棒がないから、いないってことね」

「夏休みだから学校でケガをした子がいなかったんだよ。7月が少ないのも、途中から夏休みになるからね」

「9月と10月はすごく多い。もしかしてケガしやすいのは、9月と10月？」

「いいところに目をつけましたね！棒グラフにまとめただけで、いろんなことが見えてきました。でも、結論を出すのはまだ早いですよ。もっと別の観点でグラフを作ってみると、もっとたくさんのことがわかってきますよ」

次のページにつづく

1章★いろんなデータを統計グラフにしてみよう

学校でケガをするのはいつ、どんな時？〈2〉
棒グラフを使って分析しよう

前のページでは、月ごとにケガをした人数を表から棒グラフにしてみましたね。さらに細かく見ていきましょう。

9月と10月がなぜだか多かった…

「9月と10月にケガが多いことがわかったので、この2か月に注目して分析を進めましょう。どちらもケガをした人が70人くらいいますが、何年生がケガをしていると思いますか？」

「1年生や2年生の子が転んでケガをしているんじゃないかな？」

「どの学年も変わらないんじゃないかしら」

「では学年別にグラフにまとめて見てみましょう」

9月と10月でそれぞれ学年別にケガをした人数を棒グラフにまとめてみました。

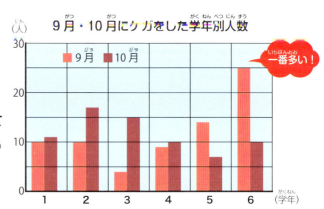

「あれっ、9月に一番ケガをしていたのは、6年生なんだ。びっくりだね」

「10月は2年生、3年生が多くなっているわ。月によって、ケガをする学年は違っているのね」

「どうして9月は6年生ばかりケガをしているんだろう？」

「疑問に思う気持ちはとても大切です。どうして6年生が多くなっているのか、今度は時間帯で分けて原因を調べてみましょう」

9月の6年生と10月の2、3年生が「いつ」ケガをしたのか棒グラフにまとめてみます。

9月の時間帯別ケガの人数（6年生）

「6年生は体育の時間にケガをした人が一番多いわ」

「そうです。この学校では9月の終わりに運動会があり、6年生は『組み体操』という難易度の高い出し物に取り組んでいました。9月の体育の授業ではその練習をしていたのでケガをした人が多くなったようです」

「そういうことだったのか！」

「10月の2年生と3年生のグラフも作ってみました。体育の時間にケガをしているのではなくて、休み時間が多いわね」

9月の時間帯別ケガの人数（2、3年生）

「10月は2、3年生には気がゆるみやすくてケガが多い時期なのかもしれません。じつは5月のケガについても同じように休み時間が多くなっていました。しかもこちらは1、2年生のケガが多かったのです。今年の5月と10月には休み時間にケガをしないように低学年の人たちは注意して遊ぶといいですね」

学校のケガの状況を調べる場合、「いつ」「何年生が」「どんな時に」という観点で調べていくと、大事な注意点を見つけられます。ぜひチャレンジしてみましょう。

観点を変えた別のグラフを作ると分析が深まる

1章 ★ いろんなデータを統計グラフにしてみよう

各県でサッカーをする人の数は？
棒グラフ、多い順に並べてみよう

データの大小を見るのは棒グラフが適していましたね。どんな順番に並べるのが効果的なのか、サッカー人口を例にして見てみましょう。

「日本でサッカーをしている人ってどのくらいいるのかしら？」

「日本全国のサッカー人口は2011年では、637万5000人です」

「どうやって調べるのかな？」

「総務省統計局という国の機関は、私たちの暮らしについて、5年ごとにいろいろな調査をしています。特に『社会生活基本調査』は、私たちがどんなことを、どれくらいの時間しているのかなど、多くのデータを公開しています」

都道府県別のサッカー人口もわかるので棒グラフにして見てみましょう。

出典：総務省統計局「社会生活基本調査（平成23年）」（以下同じ）

「大きい順でわかりやすい！ 最も多いのが東京都、最も少ないのが鳥取県だ」

「そうですね。最も多い東京都は83万5000人（最大値）、最も少ない鳥取県で2万3000人（最小値）で、その差は81万2000人です」

「グラフの真ん中の中央値って？」

最大と最小は、大事な特徴ですが、どちらも極端な値なので、全体の傾向を表す数としては、適しません。標準的な傾向を表す数字として、大きさの順に並べ替えたときの真ん中の数字を使う方法があります。47個の数字の真ん中は、(47＋1)÷2＝24で24番目の数字です。これを**中央値**といいます。サッカー人口の中央値は、福島県の7万1000人となります。

「県ごとに人口がちがうので、このまま比べても公平ではないと思います。全体の人口で割ったサッカー人口の割合を比べてみたいです」

「**社会生活基本調査**では、その数字（サッカーの**行動者率**）もわかりますよ。下のグラフは、**各県の10歳〜24歳のサッカー人口の県人口全体に占める割合**です」

このグラフは北からの順に並んでいるね

棒グラフを大きさの順に並べると、最大値、最小値、中央値がわかる

上のグラフは都道府県を北から南へ並べています。次の問題をこのグラフから読み取ってみましょう。

- **Q1** サッカー人口の割合が最も大きい県は？ また、その割合はだいたいどのくらい？
- **Q2** サッカー人口の割合が最も小さい県は？ また、その割合はだいたいどのくらい？
- **Q3** サッカー人口の割合が全国平均の値を上回っている県は？
- **Q4** サッカー人口の割合が20％を超えている県は？
- **Q5** サッカー人口の割合の中央値は？

〈答えは35ページ〉

★他のスポーツも「社会生活基本調査」でわかります。夏休みの自由研究でグラフ作りに挑戦しよう！

1章★いろんなデータを統計グラフにしてみよう

W杯で勝つためには？〈1〉
走った距離を積み上げ横棒グラフに

サッカーW杯（ワールドカップ）で、日本代表が勝つにはどうすればいいかをデータを使って考えてみます。

「おー！」

「使うデータは、2010年南アフリカ大会のときのものです。きみたちは、この大会のことを聞いたことがありますか？」

「日本がベスト16に入り、スペインが優勝したんだってね」

「FIFA（国際サッカー連盟）の公式サイトで、試合の中で出場選手がどのくらいの距離を走ったかを示したデータを見ることができます」

日本とスペインの選手が攻撃中（自分のチームがボールを持っている時）に走った1試合あたりの平均距離を表したのが下の**棒**グラフ。棒の中に複数の項目を積み上げているので**積み上げ棒**グラフといい、その中でも横に積んでいるものを**積み上げ横棒**グラフといいます。

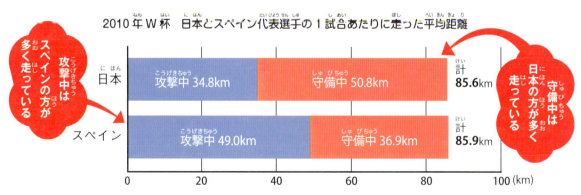

2010年W杯 日本とスペイン代表選手の1試合あたりに走った平均距離

攻撃中はスペインの方が多く走っている

守備中は日本の方が多く走っている

日本　攻撃中 34.8km　守備中 50.8km　計 85.6km
スペイン　攻撃中 49.0km　守備中 36.9km　計 85.9km

出典：総務省統計局HP「なるほど統計学園」の「親しむ（おもしろ統計分析）」より作成（以下同じ）

「日本代表は、守備の時にたくさん走っているわね。必死だったのね」

「2試合目の時は、ボールを持っているオランダの選手に対して、日本は複数の選手でカバーしながら守っていたので、相手チームがボールを持っている時に走る距離が多くなっているのかもしれないですね」

「スペイン代表については、どういえるかしら？」

「積極的に攻めたということかな」

「日本も選手がお互いに連携してたくさん動いて攻めれば、得点のチャンスが広がるんじゃないかな」

「なるほど。では、ほかの国もあわせて見てみましょう」

日本とスペイン以外に、準優勝のオランダ、3位のドイツ、4位のウルグアイ代表を追加したのが下の積み上げ横棒グラフです。

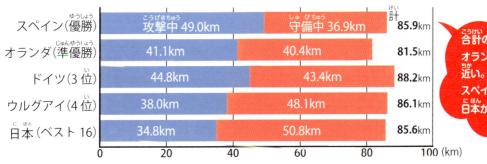

2010年W杯 日本と上位4か国の1試合あたりに走った平均距離

国	攻撃中	守備中	計
スペイン（優勝）	49.0km	36.9km	85.9km
オランダ（準優勝）	41.1km	40.4km	81.5km
ドイツ（3位）	44.8km	43.4km	88.2km
ウルグアイ（4位）	38.0km	48.1km	86.1km
日本（ベスト16）	34.8km	50.8km	85.6km

合計の距離は、オランダ以外ほぼ近い。攻撃中はスペインが、守備は日本が多い

「日本と比べると、スペイン、ドイツ、ウルグアイ代表も、攻守のときの走行距離の合計は似ているんだね。でも、日本以外の国は、攻めるときに味方の選手がたくさん動いているわ」

複数の積み上げ棒グラフを並べると、項目の比較に便利
ただし、データの数値をグラフで比較するだけでなく、数値のウラにひそむことがら（文脈）と関連づけて考える習慣が大切です。

次のページにつづく

1章 ★ いろんなデータを統計グラフにしてみよう

W杯で勝つためには？〈2〉
シュート数を積み上げ縦棒グラフに

サッカーW杯で、日本代表が勝つためのデータ分析はたくさんありそうですね。シュート数に注目して比べてみましょう。

「サッカーで得点をとるためにすべきことは？」

「シュートを打つこと！」

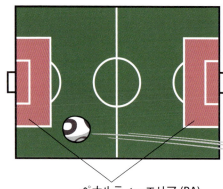

ペナルティーエリア (PA)

シュートのチャンスはのがさないぞ

2010年大会で、日本と上位4か国の1試合あたりの**平均シュート数**をペナルティーエリア内から蹴った場合とエリア外から蹴った場合に分けて**積み上げ棒グラフ**に表しました。

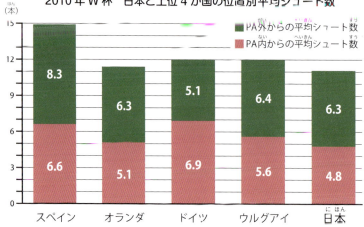

2010年W杯 日本と上位4か国の位置別平均シュート数

スペインは合計のシュート数もPA外からのシュート数も一番多い。PA内からのシュート数もドイツに次いで2番目に多い

「このグラフは、縦向きになっていますから**積み上げ縦棒グラフ**です」

積み上げることで、棒全体で比較することも、棒の中の項目どうしを比較することもできます。

「優勝国のスペインは、他の国に比べてシュートをたくさん打っているね。スペイン、ドイツ、ウルグアイは、日本と比べて、**ペナルティーエリア内からの平均シュート数**が多いね。**日本がW杯で上位進出するためには、ペナルティーエリアの中までボールを持ちこんでシュートを打つチャンスを増やすことだね！**」

「それもいい案ね。でも、オランダと日本の**平均シュート数**は似ているわ。なにがちがうのかな……」

「2010年の日本代表の1試合の平均得点は1.0点、オランダ代表の1試合の平均得点は1.7点でした」

「**オランダ代表は、打ったシュートを確実に得点に結びつけている**ってことね」

「日本代表もがんばってほしいね！」

ミニ知識

総務省統計局のホームページ「なるほど統計学園」の中の「おもしろ統計分析」のコーナーでは、「得失点」「守備」「反則」などいろいろな観点のW杯のデータを見られます。**観点を変えてグラフを作り分析して、日本代表が勝つ秘策を考えてみましょう。**

★「なるほど統計学園」で調べてみよう。http://www.stat.go/naruhodo/

31ページの問題の〈答え〉
(Q1) 静岡 23%　(Q2) 岐阜 12%　(Q3) 岩手・山形・茨城・埼玉・千葉・東京・神奈川・富山・山梨・静岡・愛知・三重・大阪・鹿児島　(Q4) 山形・埼玉・東京・神奈川・富山・山梨・静岡・鹿児島
(Q5) 7万1000人

1章★いろんなデータを統計グラフにしてみよう

血液型、日本人とイギリス人で多いのは？
棒グラフ・円グラフ・帯グラフからの発見

同じデータでも種類のちがうグラフに表すことができます。血液型をとりあげて見てみましょう。

「日本人は何型の血液型の人が一番多いと思いますか？」

「A型かな。ぼくもA型だし」

「B型もきっと多いわよ。友だち、みんなB型だし！」

血液型	O型	A型	B型	AB型
日本人	31%	38%	22%	9%
イギリス人	46%	42%	9%	3%

出典：O. プロコプ、W. ゲーラー『遺伝血清学』（石山昱夫訳、学会出版センター、1979年）より作成（以下同じ）

「AB型の人はどうでしょうか？ 日本人全てを調べていませんが、30万1959人の日本人の血液型を調べたデータが上の表です」

「それぞれの血液型の人数を比べるには、どんなグラフで表すのがよいと思いますか？」

「棒グラフ！」

「棒グラフに表してみました」

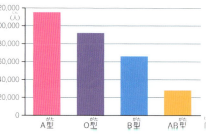

日本人（30万1959人）の血液型別の人数

「このグラフを見ると、A型が一番多いわね。2番目がO型。一番少ないのがAB型なのね」

「人数が多い順に並べ替えているんだね。A型、O型、B型、AB型の順なのがよくわかる！」

棒グラフにすると、お互いに大きさを比べやすくなったり、大きさの順に並べると順位がわかりやすくなります。今度は円グラフに表してみます。

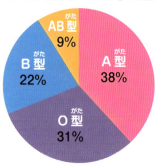

日本人（30万1959人）の血液型別の人数

「A型とO型の人を合わせると、全体の半分以上をしめる」

「A型、O型、B型を合わせると、全体の約90%だわ」

「円グラフにすると、全体の中でどのぐらいの割合をしめているかがわかりやすくなります。」

「日本人とイギリス人を比較するときは調べた人数がちがうので、割合で表す必要がありますね。円グラフを2つ並べて比較することもできますが、比較しやすい帯グラフに表してみます」

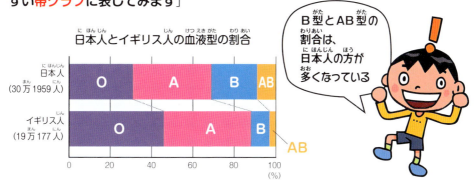

「この帯グラフを見ると、イギリス人はO型とA型の割合が日本人に比べて、すごく多いことがわかるね」

帯グラフにすると、それぞれの項目の割合が比べやすくなります。では、この帯グラフから、O型のイギリス人とO型の日本人の人数のどちらが多いかわかりますか？

「イギリス人の方に決まってるよ！ だって、46％で日本人の31％より多いし」

「ちょっと待って！ 調べた人数がちがうから、割合が多いからって人数が多いとはいえないわ」

「その通りです！ 実際に計算してみると、O型のイギリス人は約8万7481人、O型の日本人は約9万3607人になり、O型の日本人の人数の方が多いことがわかります」

割合を比べるときは、総数に気をつけましょう。また、ここで使ったデータは、現在の日本人全体の血液型の割合を正確に表しているものとは限らないので新しいデータで確かめるようにしてください。

同じデータでも棒グラフ、円グラフ、帯グラフと、グラフの種類を変えるとちがった見方や発見がある

1章 いろんなデータを統計グラフにしてみよう

スギ花粉の飛ぶ量とお天気の関係は？〈1〉
折れ線グラフで変化の関連を見つけよう

毎年2月ごろになると、天気予報でお天気だけでなく、花粉の飛散量の統計も教えてくれますね。データを使って関係を調べてみましょう。

「スギ花粉の飛散量が多いとか少ないとかは、気温や雨などの気象の変化にも関係しているんですよ」

「そうなんだ」

「では、花粉の飛散量と気象の関係を考えてみましょう」

お母さんの花粉症対策に役立つかしら

下の表は、2008年～2013年の愛知県でのスギ花粉の飛散量（濃度）と、名古屋市での各年の7月の平均最高気温と日照時間、降水量のデータをまとめたものです。

(年)	花粉飛散量	平均最高気温 (7月)	日照時間 (7月)	降水量 (7月)
2008	22.9 (個/m³)	33.4 (℃)	211.9 (時間)	33.5 (mm)
2009	97.0	30.4	95.3	254.0
2010	17.3	32.2	190.5	208.5
2011	47.2	32.2	168.4	262.0
2012	20.8	31.2	183.3	224.0
2013	36.1	33.0	203.3	186.5

出典：環境省HP「環境省花粉観測システム（はなこさん）」、気象庁HP「過去の気象データ検索」より作成（以下同じ）

「表ではわかりにくいから、グラフにまとめてみよう」

「いい発想です。だいぶ統計が身についてきましたね。では、どんなグラフにしたらいいと思いますか」

「また棒グラフかな？」

「この表のように、年や月など、時間の順番に並んでいるデータの変化を見るのなら折れ線グラフがいいですよ。グラフは次のように作ります」

まず横軸に、2008年〜2013年を順に並べ、縦軸にはスギ花粉飛散量の値がわかるように、0〜100の数値の目盛りを入れて、年ごとの花粉飛散量の数値を点で取り、その点を結べば折れ線グラフのできあがりです！

「上の方に線が伸びていれば花粉が多くなり、下の方だと花粉が少なくなるんだね」

「2009年が前の年より多くなったことが、よくわかるよ！」

「最高気温など他の気象データの変化も折れ線グラフにして、それぞれを見比べてみましょう」

ここに注目！花粉の量が多い！

花粉飛散量の変化

2008年と2009年の変化を比べてみよう！

「花粉は2009年がすごく多くなったけど、平均最高気温と日照時間はその逆で、2009年は前の年より小さな値になっているわ」

「じつは、スギ花粉の量は、前の年の7月の最高気温や日照時間、降水量に関係しているといわれています」

平均最高気温の変化

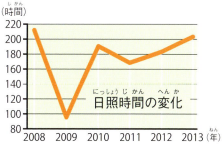

日照時間の変化

「そっか！1年ずらして見るといいかも！」

「1年ずらして見るとどうなるか、次のページを見てね！」

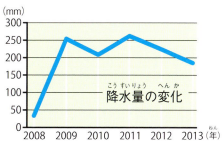

降水量の変化

時間順に並ぶデータの変化を見るには折れ線グラフが適している

次のページにつづく

1章 ★ いろんなデータを統計グラフにしてみよう

スギ花粉の飛ぶ量とお天気の関係は？〈2〉
棒グラフと折れ線グラフの複合グラフで見る

スギ花粉の飛散量は、前の年の7月の平均最高気温や日照時間、降水量に関係しているということでしたね。グラフを確認しながら考えてみましょう。

「前の年と比べるのは、たとえば、スギ花粉の飛散量が一番多い2009年なら、2008年の平均最高気温や日照時間を見て考えてみればいいということね」

「2008年は最高気温がすごく高くなっているし、日照時間も長くなっているよ」

「降水量は逆に一番少なくなっているわ。天気がいい日が多くて気温も高く、雨もあまり降らなかったということね」

「その通りです。もっとわかりやすいように、**スギ花粉の飛散量を棒グラフ**に変えて、平均最高気温の**折れ線グラフ**を1年ずらしながら重ねてみましょう。下の図のように2種類のグラフを重ねたものを**複合グラフ**といいます」

棒グラフと折れ線グラフの複合グラフ

棒グラフはスギ花粉飛散量を、折れ線グラフは7月の平均最高気温を表している。1年ずらしていることに注意を！縦軸は右側も使って気温を表示しているよ！

「折れ線グラフと棒グラフがだいたい同じように上下しているね。2008年の平均最高気温が高くて2009年の花粉は多くなっているし、2009年は逆に最高気温が低くて2010年の花粉の量が少なくなっているよ」

「ほんとだ。7月の最高気温が高いとその次の年はスギ花粉が多くなるし、低いと少なくなるのね」

「ナイス！ よく気がつきましたね！ 日照時間と降水量についても複合グラフでまとめてみましょう」

「日照時間が、多ければ花粉も多くなるし、少なければ花粉も少なくなるみたい」

「でも降水量のグラフはちがうわ。前の年の降水量が少ない方がその年の花粉は多くなっているみたい」

「その通りです。平均最高気温と日照時間、降水量が翌年の花粉飛散量に関係している様子が複合グラフでよくわかりましたね」

重ねたりずらしたり工夫しよう

❶ 2種類のデータの関連を見たい時は複合グラフにしてみよう

❷ 複合グラフの軸をずらすと関係性が見つかることがある

1章 ★ いろんなデータを統計グラフにしてみよう

クラスの靴のサイズの傾向は？〈1〉
ドットプロットを使って分布を見よう

ある6年生のクラス（24人）の靴の大きさのデータがあります。このクラス靴のサイズの全体の傾向はどういえるのか、ドットプロットを使って考えます。

「24人の靴のサイズを表しました」

20	17	17	19	20	17	19	14	18	20	15	18
18	15	21	17	14	16	26	16	18	19	16	18	(cm)

「これをドットプロットに表してみましょう。ドットプロットは、横軸にデータの値を直線で書いて、データ1つ1つを●（ドット）で積み上げたグラフです」

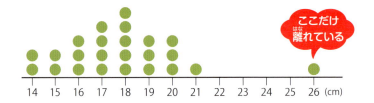

「14cm（最小値）から26cm（最大値）の間に散らばっているね」

「18cmの付近の人が多いので、そこを頂上にした山みたいな形で分布してる！」

「26cmのところも入れてみると、右に裾をひいた山みたいに見ることもできるね」

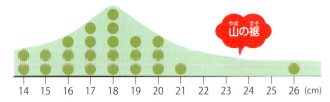

「ドットプロットでどの範囲で、データがばらついているかやデータがどの値の辺りに集まっているかもわかります」

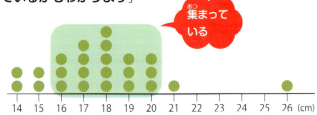

「特にデータが密集しているところは、16cm から 20cm 辺りのとこかな」

「囲ったところには、ドットが 18 個集まっています。これは、全体のデータの約 75% に相当します。このクラスの児童の半数以上が、16cm から 20cm の靴をはいていることになります」

「平均は 17.8cm になりました！」

「ちょっと待ってください！　この場合、平均ではうまくないかもしれません。図を見ると、26cm のデータだけ他のデータよりかけ離れています！」

こういうかけ離れた値のことを、**外れ値**といいます。**平均値**は、外れ値があると、中心からずれた値を出すので注意が必要です。

「では、どうすればいいのかというと、そんなときには、**中央値**を求めると良いのです。**中央値**は、データの値を小さい順に並べて、ちょうど真ん中にくる値のことです。**中央値**は、外れ値があってもいつも中心を教えてくれます」

「この場合は 24 個の値があるけど、真ん中は、どこの値？」

「データの数が偶数の場合は、小さい順に並べた時に中央に 2 つの値があるので、**この 2 つの値の平均が中央値になります。**今回の中央値は 18cm です」

中央値の値を入れました。**平均値**は緑の線です。

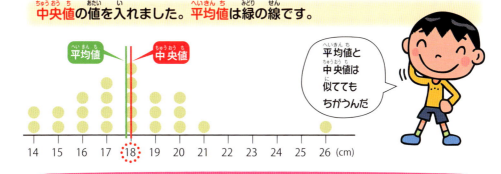

「平均値と中央値は似てもちがうんだ」

一番ドットの多い値を最頻値という（上の図では 18cm）
平均値、中央値、最頻値を見ても、このクラスの靴のサイズの傾向は、「だいたい 18cm ぐらいを中心にばらついている」といえる

次のページにつづく

1章★いろんなデータを統計グラフにしてみよう

クラスの靴のサイズの傾向は？〈2〉

ドットプロットから箱ひげ図にして分析

前のページでは、靴のサイズのデータをドットプロットにして、データが集まっているかを見ました。今度は、その形を変化させてみます。

復習コーナー

最頻値	データの中でデータの個数が最も多い値	**18cm**
平均値	データの合計をデータの個数で割った値（外れ値に注意）	**17.8cm**
中央値	データを順に並べた中央の2つの値の平均の値（偶数の場合）	**18cm**

中央値を見つける時

14 14 15 15 16 16 17 17 17 17 18｜18 18 18 18 19 19 19 20 20 20 21 26

「どのサイズの範囲をこのクラスの傾向というのか、はっきりわかるグラフに、**箱ひげ図**というグラフがあります」

「箱？ ひげ？」

「小さい順に並べたデータを**中央値**より小さい集団と大きい集団に分けて、前半の集団の中央値、後半の集団の**中央値**をさがすと、ちょうど集団を小さい方から4等分にできます」

下の図を見ると、赤の線を入れた真ん中の値（**中央値**）の18cmを境にして、左に12個、右に12個の値が並んでるので、それぞれの12個の値を6個ずつに区切ります。こうすると、中央値から見て全体の半分のデータがどのあたりかがわかります。ちなみにデータの個数が奇数個のときは、おおよそ4等分になるように区切ります。

4等分6個ずつに区切られた！

前半分、小さい集団の中央値

後ろ半分、大きい集団の中央値

14 14 15 15 16 16｜16 17 17 17 17 18｜18 18 18 18 19 19｜19 20 20 20 21 26

全体の下側 $\frac{1}{4}$（25%）の値　　全体の真ん中 $\frac{1}{2}$（50%）の値　　全体の上側 $\frac{1}{4}$（25%）の値

「ドットプロットにも区切りの線を入れてみました」

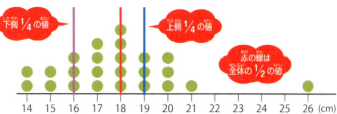

下は、全体の真ん中の約50%の値のところを箱で囲い、最小値と最大値のところに線を入れて、ひげで箱と結んだものが**箱ひげ図**です。

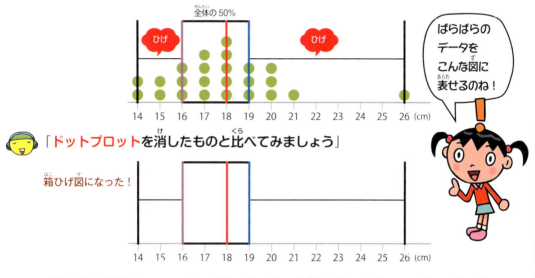

「ドットプロットを消したものと比べてみましょう」

箱ひげ図になった！

「赤の線は**中央値**（50％点）、紫の線は**第1四分位数**（下側25％点）、青の線は**第3四分位数**（上側25％点）といいます」

箱ひげ図から、箱の中には**データ全体の50％**が集まっていること、左側のひげはデータの**小さい方の25％の値**を含んでいること、右側のひげはデータの**大きい方の25％の値**を含んでいることがわかります

「ドットプロットにすると、データがどのように集まっているかがわかりやすくなったけど、箱ひげ図にすると、**データがどこにどれぐらい集まっているかがわかりやすくなる**んだね」

箱ひげ図の箱の範囲のデータは、集団の標準的な傾向を示す
グラフの特徴を理解し、目的に応じて使い分けられる技を身につけよう！

1章 ★ いろんなデータを統計グラフにしてみよう

バスケット、どの選手を選ぶ？
箱ひげ図を並べて考えよう

チームでいつも試合に出ている選手がケガをしてしまい、代わりの選手を1人選ばなくてはいけません。選手を2人までしぼりましたが、さてどちらの選手を選ぶべきでしょうか？ 統計を使って考えてください。

「最近の試合で2人が取った得点です」

	1	2	3	4	5	6	7	8	9	10	11
A選手	9	12	7	12	10	6	14	11	11	8	
B選手	6	13	3	3	7	30	11	10	10	10	7

11回目の試合にはA選手は出ていない

「B選手の方が、30点取っていることがあるから、B選手に決まりだよ！」

「でも、B選手は3点しか取っていないときもあるわ。得点の平均はいくつかな？」

選手2人の得点の**平均値**を計算してみましょう。

A選手 (9+12+7+12+10+6+14+11+11+8)÷10＝10 (点)
B選手 (6+13+3+3+7+30+11+10+10+10+7)÷11＝10 (点)

「平均を比べても、判断できないなぁ〜！」

「B選手の場合は、**30点のデータが外れ値**で、平均値に影響しちゃうから、平均は当てにならないわ。データをグラフに整理してみるとなにかわかるかも……」

2人の選手の得点を**ドットプロット**に整理しました。

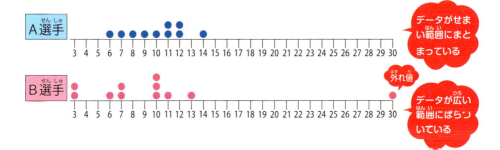

データがせまい範囲にまとまっている

外れ値
データが広い範囲にばらついている

「B選手の得点の範囲が、すごく広いことがわかるね。調子がいいときと悪いときの差が激しいということかな」

「A選手の得点は、得点の範囲がB選手に比べてせまいから、安定して得点するタイプなのかしら」

「安定して高い得点を挙げられる選手を選ばないとだよね。得点が集中しているところで比べると……」

「前のページで勉強した箱ひげ図にしてみたら？」

B選手はムラがある？

「箱ひげ図は、データを小さい方から順に並べて……」

「まず中央値を求めます。データの個数が偶数の場合は、中央の2つの値の平均値をとります。さらに、中央値より小さい前半の半分のデータの真ん中が第1四分位数、中央値より大きい後半の半分のデータの真ん中が第3四分位数となります」

2人の選手の得点を箱ひげ図に整理しました。

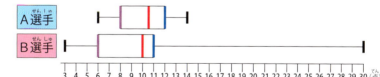

「箱のところを見ても、A選手の方が得点が高くなっているね」

「箱のところは、**データの中心部分の50％（半分）のデータが入る区間を表していて、その区間の長さを四分位範囲**といいます」

「中央値もA選手の方が少し高くなっているわね。A選手の方がB選手よりも安定して高い得点を挙げることが期待できるから、A選手を選ぶわ」

複数の箱ひげ図を並べると、中心部分を表す四分位範囲、中央値などさまざまな比較ができる
実際の試合では状況によって判断が変わるので、別の観点からも比較しよう！

1章 ★ いろんなデータを統計グラフにしてみよう

紙コプターの滞空時間、どちらが長い？
ドットプロットとヒストグラムで比べよう

> 羽根の長さが 5cm と 7cm の紙コプターでは、どちらが滞空時間（床につくまでの時間）が長いか、実験したデータをグラフにしてみましょう。

「実験のデータもグラフを使ってまとめます。羽根の長さが 5cm と 7cm の紙コプターを落とした時、どちらが滞空時間が長いか実験で調べてみましょう」

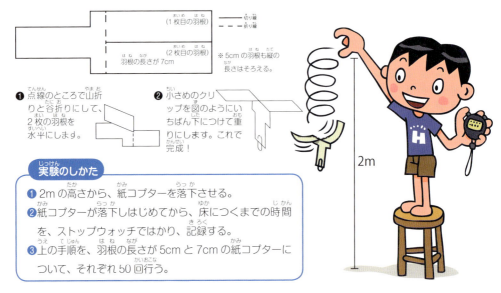

実験のしかた
1. 2m の高さから、紙コプターを落下させる。
2. 紙コプターが落下しはじめてから、床につくまでの時間を、ストップウォッチではかり、記録する。
3. 上の手順を、羽根の長さが 5cm と 7cm の紙コプターについて、それぞれ 50 回行う。

> 羽根が 5cm と 7cm の紙コプターの滞空時間をドットプロットに表しました。

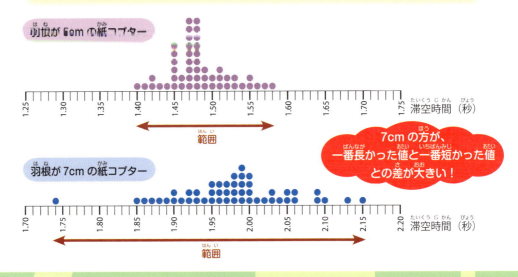

> 7cm の方が、一番長かった値と一番短かった値との差が大きい！

データの中の**最大値**（一番大きい値）と**最小値**（一番小さい値）との差のことを範囲といいます。データのばらつきの大きさを比べるものさしの1つです。5cmの羽根の方が実験結果の範囲が小さく、ばらつきが小さいです。

「2つのドットプロットをくらべると、羽根が7cmの紙コプターの方が、5cmの紙コプターよりも全体的に滞空時間が長いといえるわね！」

「もっとわかりやすく比べたいね。上と下のドットプロットの横軸を見ると、時間がそろってないから」

「でも、横の軸をそろえたいけど、そろえると横の軸がとても長くなっちゃう……」

「その通り。ドットプロットの表し方で両方の横軸をそろえると、1.40秒から2.15秒まで0.01秒ごとに書いていく必要がありますね」

羽根が5cm、7cmの紙コプターの滞空時間のデータを**ヒストグラム**にして並べました。

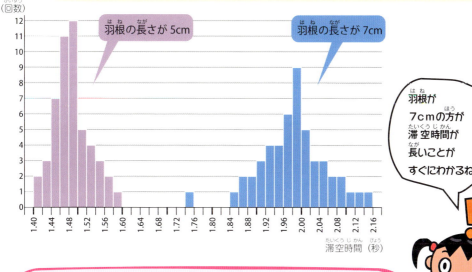

羽根が7cmの方が滞空時間が長いことがすぐにわかるね！

**データが広く分布していても
ヒストグラムはコンパクトに表せる**

紙コプターの羽根の長さを変えて、何cmだと最も滞空時間が長いかを調べたり、紙の種類やクリップの大きさを変えたりして、自由研究で実験してみよう！

1章 ★ いろんなデータを統計グラフにしてみよう

交通事故の多い都道府県は？〈1〉
ヒストグラムでデータをとらえよう

交通事故で亡くなる人の数は、最近は減る傾向にありますが、まだまだ多いです。地域ごとの特徴があるか、データから読みとってみましょう。

「事故にあうのはいやだなあ。危険な都道府県ってあるの？」

「地域によって、年間の事故件数にもばらつきがあります。2012年に交通事故で亡くなった人の都道府県別のデータがあります。このデータから、どんなことがいえるのか、危険な都道府県はあるのか、見ていきましょう」

2012年に起きた交通事故の都道府県別死者数

都道府県	死者数(人)	都道府県	死者数(人)	都道府県	死者数(人)	都道府県	死者数(人)
北海道	200	千葉	175	滋賀	79	香川	81
青森	59	神奈川	179	京都	106	愛媛	56
岩手	83	新潟	107	大阪	182	高知	53
宮城	64	山梨	40	兵庫	179	福岡	161
秋田	42	長野	97	奈良	49	佐賀	46
山形	37	静岡	155	和歌山	50	長崎	39
福島	89	富山	47	鳥取	30	熊本	82
東京	183	石川	44	島根	45	大分	40
茨城	142	福井	37	岡山	112	宮崎	50
栃木	94	岐阜	121	広島	125	鹿児島	87
群馬	106	愛知	235	山口	56	沖縄	40
埼玉	200	三重	95	徳島	32	総数	4411

出典：警察庁統計HP「安全・快適な交通の確保に関する統計等」の「交通事故発生状況」より作成（以下同じ）

「交通事故が一番多いのは愛知県の235人だね。北海道や埼玉県も200人を超えている。でも、鳥取県は30人と少ないね」

「交通事故で亡くなるのはとても悲しいことです。全国のデータを見ると、交通事故で亡くなる方が多い都道府県、少ない都道府県というのもわかります」

「でもグラフにすると、もっといろんなことがわかるんじゃないかしら」

「上の表のように**数値**で表されるデータを**量的データ**といいます。量的データのばらつき方をグラフにする時は、**ヒストグラム**がよく使われます。ヒストグラムを作るには、まず**度数分布表**を作りましょう。

「度数分布表の作り方は次の通りです」

①まず右の表のように階級を設定する
②その階級にあてはまる都道府県の数を数える
③その数を度数の欄に順番に入れていく
階級の数値は今回は20刻みで作っていますが、刻み幅（階級幅）を変えて作って、いろいろ試してみましょう。

交通事故の県別死者数の度数表

階級(人数) (人)			県の数
0以上〜		20未満	0
20	〜	40	5
40	〜	60	15
60	〜	80	2
80	〜	100	8
100	〜	120	4
120	〜	140	2
140	〜	160	2
160	〜	180	4
180	〜	200	2
200	〜	220	2
220	〜	240	1
計			47

「はーい、できました！ 上の表です」

次に、この表をもとに、階級を横軸に、度数を縦軸にとって、それぞれの階級の度数に合わせて柱を伸ばすと、ヒストグラムのできあがりです。柱と柱はくっつけて表します。

「できました。棒グラフみたい」

棒グラフは縦軸でデータの値を表しますが、ヒストグラムは横軸でデータの値を、縦軸はその数値の起こりやすさ、度数を表しているところが大きなちがいです。

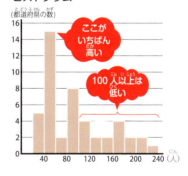

交通事故の県別死者数の分布を表すヒストグラム

「40人以上60人未満が一番度数が多く、高くなっているわ」

「100人以上は低い柱がずっと続いているよ」

「ヒストグラムにすると、どのあたりにデータが集まっているのか、どんなふうに広がっているかなどがわかりやすいですね」

では、交通事故死者が多い愛知県や北海道は他の県と比べ「危険な」県だといえるでしょうか？

「数が多いから危ないんじゃないかしら」

「でも、愛知県や埼玉県は人口も多いから、死者数も増えるんじゃないかな？」

「その通りです。この数値をそのまま危険性と結びつけずに、もっと分析を深めるのが大切です」

1章★いろんなデータを統計グラフにしてみよう

交通事故の多い都道府県は？〈2〉
割合を出してデータを分析しよう

交通事故のデータには、事故の程度によらず、交通事故が起きた件数をまとめた、発生件数もあります。発生件数にも注目してさらに分析してみましょう。

2012年に起きた交通事故の都道府県別死者数

都道府県	死者数(人)	都道府県	死者数(人)	都道府県	死者数(人)	都道府県	死者数(人)
北海道	200	千葉	175	滋賀	79	香川	81
青森	59	神奈川	179	京都	106	愛媛	56
岩手	83	新潟	107	大阪	182	高知	53
宮城	64	山梨	40	兵庫	179	福岡	161
秋田	42	長野	97	奈良	49	佐賀	46
山形	37	静岡	155	和歌山	50	長崎	39
福島	89	富山	47	鳥取	30	熊本	82
東京	183	石川	44	島根	45	大分	40
茨城	142	福井	37	岡山	112	宮崎	50
栃木	94	岐阜	121	広島	125	鹿児島	87
群馬	106	愛知	235	山口	56	沖縄	40
埼玉	200	三重	95	徳島	32	総数	4411

分析するための元データ

「上の表のデータから**死者数が最も多い3県と最も少ない3県**のデータと、その県のそもそもの**事故の発生件数**を示したのが、下の表です」

「**事故の発生件数**が全然ちがっているね」

「人口が多い県は事故も多くなるし、それに比例して死者数も多くなるんじゃないかしら」

「でも、**北海道は死者数は同じくら**いなのに、愛知や埼玉に比べて、**発生件数はずっと少ない**よ。死者が出るような事故の**割合**が多いってことだよね」

死者数の多い県と少ない県（各3県）

	都道府県	死者数(人)	事故発生件数(件)
死者が多い県	愛知	235	49651
	埼玉	200	35600
	北海道	200	14973
死者が少ない県	福井	37	3148
	徳島	32	5012
	鳥取	30	1389

その通りです。その考えを生かして、**事故の発生件数と死者数の割合**を考えましょう。各都道府県の死者数を事故発生件数で割ってみましょう。

死亡事故割合の多い県と少ない県（各10県）

	都道府県	死者数（人）	発生件数（件）	割合(%)		都道府県	死者数（人）	発生件数（件）	割合(%)
死亡事故割合の高い県	島根	45	1725	2.61	死亡事故割合の低い県	兵庫	179	34056	0.53
	岩手	83	3408	2.44		山形	37	7084	0.52
	鳥取	30	1389	2.16		佐賀	46	9090	0.51
	高知	53	3276	1.62		神奈川	179	37049	0.48
	秋田	42	2830	1.48		愛知	235	49651	0.47
	北海道	200	14973	1.34		宮崎	50	10779	0.46
	新潟	107	8383	1.28		静岡	155	36946	0.42
	福井	37	3148	1.18		東京	183	47429	0.39
	岐阜	121	10352	1.17		大阪	182	48212	0.38
	栃木	94	8054	1.17		福岡	161	43178	0.37

「死亡事故割合の多い県と少ない県を10県ずつまとめました。上の表です」

「きれいにまとめましたね。ここでの割合の1％というのは、事故100件に対して1人の死者が出ているということを意味しています」

「**割合**もすごくちがうよ。愛知県は割合が低い方になっちゃったし、死者数が少なかった鳥取県が割合では3番目になっちゃった」

「死者数が多い県は、大都市のある県が多くて事故の発生件数も多いけど、死者数の**割合**は低いのね」

「死者数の**割合**が大きい県は、北陸や東北地方の県が多くなっている感じもするよ。もしかして雪道でのスリップ事故が影響しているとか、いろいろ考えられそうだね」

> **データを表やグラフにしてほり下げるとさまざまな面が見えて、さらに疑問（テーマ）も生まれる**
>
> 例）都市部では接触事故などの軽い事故が多い？
> 雪の多い北陸や東北地方ではスリップなどの重大事故が多い？
> 病院までの搬送時間が影響している？

1章★いろんなデータを統計グラフにしてみよう

靴のサイズと身長の相関関係って？

散布図で2つのデータの関係を調べよう

関係を表す散布図からどんなことが読み取れるのか、靴のサイズと身長、足の速さと収入（年収）の2つの例で見ていきましょう。

「下のグラフを見てください。横軸がある中学の生徒40人の靴のサイズで、縦軸がその生徒の身長を表しています。グラフの中の点の1つ1つがそれぞれ生徒1人ずつを表しています」

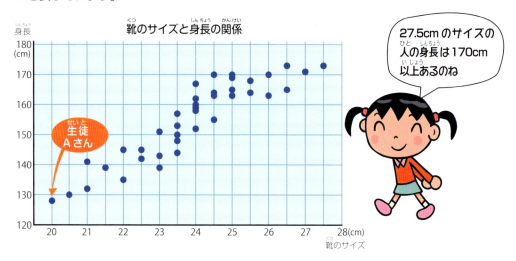

「ということは、この中で一番小さい靴のサイズの生徒Aさんは20cmで、身長は130cm弱ってことね」

「このようなグラフを散布図といいます。点の並び方や集まり方でデータの傾向や横軸と縦軸のデータの関係性がわかります」

「左下の方から右上の方に斜めに点が集まっているように見えるわ」

「靴のサイズが小さい人は身長も低く、靴が大きい人は身長も高いってことだね」

そうです。この散布図のようにデータが右上がりに集まっている場合や、逆に右下がりに集まっている場合に相関関係があるといいます。また、右上がりの関係を正の相関、右下がりの関係を負の相関といいます。身長と靴のサイズのデータの間には正の相関関係があるようですね。

「身長と体重のデータでやってみても正の相関関係がありそうだわ」

「負の相関関係があるようなデータってどんなのがあるかな」

「たとえば最高気温と、コンビニのホットドリンクの売り上げなどは負の相関関係がありますよ。相関関係があることがわかれば、予測に役立ちます。靴の足跡から犯人の身長をわり出すとか、いろいろ使い方が出てきます」

これは会社員60人を対象に50m走の記録と収入（年収）のデータから作った散布図です。

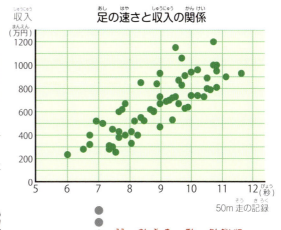

足の速さと収入の関係

「これも右上がりに点が集まっているので正の相関関係があるみたいね」

「50m走の記録がいい人の方が収入が低くて、記録が悪い人の方が収入が高いみたい。なぜだろう」

上の散布図の点に年代別で色をつけ、形も変えてみよう

「では会社員の年代別に散布図に色をつけてみましょう」

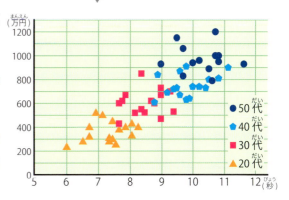

「なるほど。20代で若い人は足も速いけど収入が低いってことね」

「年齢が上がると足も遅くなるけど、収入も高くなってくるんだね」

靴のサイズが大きい人は身長も高い	⇒ 相関関係
足が遅い人には収入が高い人が多い	⇒ 相関関係
足が遅くなれば収入が高くなる	⇒ 原因と結果の関係

散布図から読み取れるのは相関関係だけ

1章★いろんなデータを統計グラフにしてみよう

今日はアイスクリームを買う日？
散布図を使って傾向を見つけよう

「アイスクリームを食べたい！」と大勢の人が思う日ってあるでしょうか？
総務省と気象庁のデータで調べてみましょう。

「ぼくは暑い日、いつも、アイスクリームが食べたくなる！」

「日本全体でその**傾向**があるのか、どんなときに私たちが"今日はアイスクリーム！"という気持ちになっているのか、**散布図**で分析してみましょう」

「どんな統計を使いますか？」

「総務省統計局は、『**家計調査**』という調査で、私たちの家（世帯といいます）で、どんなものが、いくらで、いつ、買われているのか、データを出しています」

「そこにアイスクリームもあるわけか！」

「**e-Stat**」（政府統計の総合窓口）というホームページからデータを入手すると、いつ、という年月日も指定できるので、その時の気温を気象庁のホームページで調べて、散布図にします。横軸に気温、縦軸にアイスクリームの購入額を割り当てます。

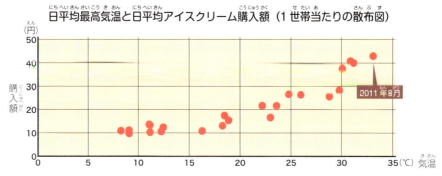

日平均最高気温と日平均アイスクリーム購入額（1世帯当たりの散布図）

「上の図に並んでいる点は、2011年と2012年の2年間の24個の月データを表しています」

★「e-Stat」のホームページでは「家計調査」の他にも「社会生活基本調査」など多くの項目が調べられます。https://www.e-stat.go.jp/

左ページの図で、一番右上の点は、2011年8月の記録です。8月の最高気温の平均は33.1度。1世帯で1日平均、約43円アイスクリームが買われています。暑かったのでアイスクリームがたくさん売れたのです。

「点は、だいたい右肩上がりになっているね」

「それが**傾向**です。気温の高い月は、アイスクリームの購入額も多い傾向があるというわけです」

降水量との関係を見た散布図も作ってみましょう。

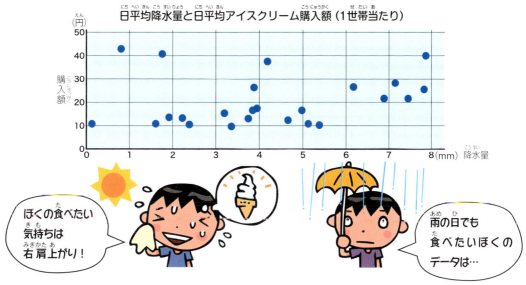

日平均降水量と日平均アイスクリーム購入額（1世帯当たり）

「ぼくの食べたい気持ちは右肩上がり！」

「雨の日でも食べたいぼくのデータは…」

「**傾向**無し！ 雨が降っても、アイスクリームは売れないんだね」

「1世帯当たりの平均購入額だから、総世帯数をかければ、日本全体で、どれだけアイスクリームが買われるか、わかるわ」

「平均で10円の差でも、日本全体ではすごく大きな金額になるよ！」

「家計調査」にはアイスクリーム以外にも多くの品目のデータが出ています。
**品目によって買われる金額はどれくらい変わるのかとか、
地域によって傾向がちがうのかなど、
テーマを見つけて自由研究にまとめてみよう**

2章 ★ なんで平均を出すのが大事なの？

平均値、中央値、最頻値の基本

統計では、分布の特徴をグラフだけでなく数値でも表します。分布を代表する数値のことを「代表値」といいます。「代表値」には、平均値、中央値、最頻値があります。

青のページ数はその項に関係するおもな本文箇所。

1 平均値

◎平均値は「平らにならした値」

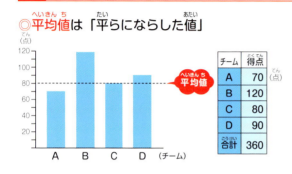

チーム	得点（点）
A	70
B	120
C	80
D	90
合計	360

平均値＝（データの値の合計）÷（個数）

平均値はデータの値の合計を、データの個数でわったもの。値を平に均すという意味です。代表値の中でもいろいろな基準になる大切な値です。

360 ÷ 4 ＝ 80　平均得点 80 点

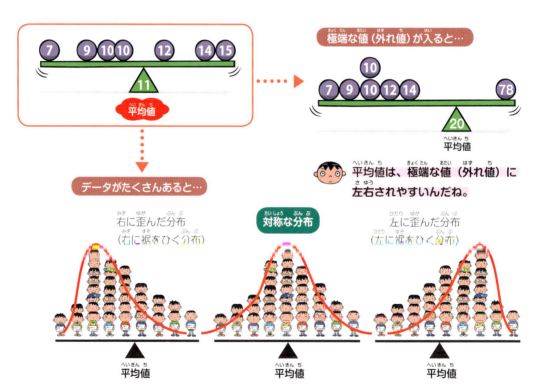

極端な値（外れ値）が入ると…

平均値は、極端な値（外れ値）に左右されやすいんだね。

データがたくさんあると…

右に歪んだ分布（右に裾をひく分布）　対称な分布　左に歪んだ分布（左に裾をひく分布）

平均値　平均値　平均値

平均値は、いつも一番人数が多いところとは限りません。
対称な分布だと、平均値のところにデータが最も集中しているので、
平均値は集団のデータを代表する値とみなせるんですよ。

1章 14〜15、42〜47 ページ
2章 60〜69、72〜75 ページ

2 中央値

◎**中央値**は「真ん中の順番の値」
データを小さい順に並べた時のちょうど真ん中にくる値。データの数が偶数の時は、中央の2つの値の平均値。

極端な値（外れ値）が入ると…

 中央値は、極端な値（外れ値）があっても、左右されないんだね。

1章 30〜31、42〜47 ページ
2章 64〜67 ページ

3 最頻値

◎**最頻値**は「データの中で一番多く出てくる値」
データの中でデータの個数が最も多い値。散らばりを表すドットプロットやヒストグラムでは、一番高くなるところ。最もひんぱんに出てくる値という意味。

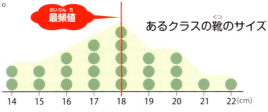

あるクラスの靴のサイズ

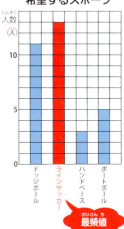

希望するスポーツ

 最頻値は、一番多いところにしたい時に便利だね。

一番多いところが2つあると…

 2つ山があるときは、分けて考えるといいですよ。靴のサイズの場合だと、男子と女子などで分かれるかも。

山が2つの場合もあるのね

質的データの場合は、「一番多く出てくるカテゴリー（分類）」が最頻値となる。

1章 42〜45 ページ
2章 70〜71 ページ

2章★なんで平均を出すのが大事なの？

平均ってこんなにすごい！

「平均人」を考えた統計学の父・ケトレー

理科の実験で何回かはかったデータの平均を出したことは、ありますか？
「平均」はおなじみの言葉かもしれませんが、しっかり考えてみましょう。

「こないだのテスト、むずかしかったですか？ クラスの平均は68点だったそうですよ」

「ぼく、65点でがっかりしてたけど、平均より3点低いだけなんだ！」

「わたしは75点。平均より7点高かったのね。よかった！」

「平均がわかると、自分の状況がだいたい判断できて助かるでしょう。平均は統計学ではとても大事な指標です」

平均を最初に世の中に広めたのは有名なベルギーの天文学者・数学者で、そして統計学者のアドルフ・ケトレーです。

アドルフ・ケトレー 1796–1874年

天文学者で数学者で統計学者、すごい！

「天文学では、いろいろなデータを観測しますが、何回か観測したデータを平均してより正確な値を求めたりします。ケトレーは、ある時、『この平均の計算を人間にもやってみよう！』と思いついたのです」

ケトレーは、いろいろな人間に関するデータを集め、平均を計算しました。これをまとめた本『人間について』が1835年に出版され、ベルギーだけでなくヨーロッパ中で大ヒット。一躍、平均や統計の面白さや、統計が役立つことが一般の人びとに広まったのです。

「自分と比べられる身近なデータにであい、初めて平均が身近になったのね」

ケトレーは、人間についてのいろいろなデータの平均値を求め、**その平均の値をすべて持っている人間**を特に**平均人**と名付けています。

「平均身長、平均体重、平均腕力、テストは全部、平均得点……。全部合わせて**平均小学生**！ なんだか面白そう……」

データの出典：文部科学省「学校保健統計調査（平成25年度）」、学研教育総合研究所「小学生白書」web版（2013年3月調査・2014年9月調査）

ミニ知識

「**平均人**」を考え、19世紀後半の社会統計学に大きな影響を与えたケトレーは、『人間について』の本の中で、体重（kg）を身長（m）の2乗（同じ数を2回かけること）でわった「**ボディマス指数（BMI）**」を提唱しています。この指数は現在でも、肥満と健康の程度を測る指標として大変に役立っています。それで、この指標のことを「**ケトレー指数**」ともいいます。これも、ケトレーが最初に、天文学の計算と人間を結びつけた成果といえるでしょう。

2章★なんで平均を出すのが大事なの？

走り幅とびの平均は？
なぜ平均値を求めるかを考えよう

「平均」は5年生と6年生の算数で勉強します。2つの「平均」の問題を見ていきましょう。

「**平均値**とは、データの値の合計をデータの数でわったものです。値を**平らに均す**という意味です。では問題です」

❶〔5年生の教科書の問題から〕
下の表は、ゆうとさんの走り幅とびの記録です。平均すると、ゆうとさんは走り幅とびで何m何cmくらいとべるといえるでしょう。

回数	記録
1回目	2m 74cm
2回目	3m 2cm
3回目	2m 95cm
4回目	18cm
5回目	2m 82cm

出典：橋本吉彦ほか『新版　たのしい算数5』（大日本図書、2016年）

4回目の18cmって失敗した時のデータかな？

「どうやって求めますか？」

「全部たして、5でわればいいんじゃない？」

「でも、18cmは、極端に小さいデータだよ。平均に影響しちゃうんじゃない？除いた方がいいよ」

「その通りですね。測定したときに、転んだりしたのかもしれません。4回目のデータは除いて平均値を求めた方がいいですね。小数以下は四捨五入しています」

$$(274+302+295+282) \div 4 = 288.25$$

答え　2m 88cm

❷〔6年生の教科書の問題から〕

次の表は、みさきたちがゲームしたときの、AチームとBチームの得点を表したものです。どちらのチームの結果がよいか、平均を求めて比べましょう。

Aチーム							
名前	みさき	こうた	さやか	けん	としき	かな	こうき
得点（点）	14	12	9	15	10	7	10

Bチーム						
名前	めぐる	たける	なな	えみこ	だいき	はやと
得点（点）	18	5	12	17	6	11

Bチームはデータが1つ少ない！

出典：橋本吉彦ほか『新版 たのしい算数6』（大日本図書、2016年）

「今回は、極端な値があったとしても、チームどうしを比較するので、除かないで考えましょう。平均値から、どちらのチームの結果が良いといえますか？」

Aチーム （14+12+9+15+10+7+10）÷7 = 11
Bチーム （18+5+12+17+6+11）÷6 = 11.5

答え　Bチームの結果の方が良い

「2つの問題では、どちらも平均値を求めましたが、ちがいに気づきましたか？」

「❷は、2つのグループの記録を比べてる」

「❶は、1人の記録を比べてる」

「いいところに気づきましたね。①で求めた平均値は測定値の平均、②で求めた平均値は代表値としての平均といい、平均値を求める目的が少し違うのです」

測定値の平均…1つのものを何回か測定して得られた複数のデータを平均した値
より正確な値を得るために、何回か測定した結果を平均する。また、測定する時に出る誤差をまるめる、ならすために求める。

代表値としての平均…集団の特徴を表す値
集団の特徴を1つの数値で表すために平均を求める。

2章★なんで平均を出すのが大事なの？

真ん中ってどこ？
中央値のいいところを知ろう

「真ん中」の値について、前ページの問題のAチームの得点をもとに、もっとくわしく見ていきます。

「Aチームの得点は下の表で、平均値はこの11点です。11点は、数字を並べた時に真ん中にあるわけではありません。**平均値とそれぞれのデータがいくつ異なるか求めてみましょう**」

Aチーム							
名前	みさき	こうた	さやか	けん	としき	かな	こうき
得点(点)	14	12	9	15	10	7	10

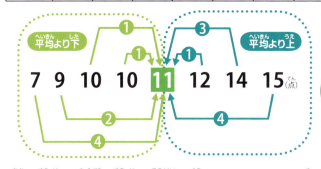 

「青の数字と黄緑の数字の合計を比べてみて、なにか気づくことはありますか？」

「それぞれの合計が等しくなってる！」

「平均より下の緑の数字の合計は4＋1＋1＋2＝8で、平均より上の青の数字の合計は4＋1＋3＝8だね」

平均より下の差（いくつ異なるか）**の合計と平均より上の差**（いくつ異なるか）の合計が等しくなるので、いわば、**平均値**は、シーソーのように、左右の数値のバランスをとっているという意味で**真ん中の値**なんです。

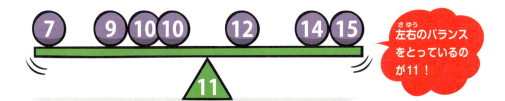

「統計では、もう1つ**真ん中の値**を使います。それは、**中央値**です」

「データの値を小さい順にならべた時の**ちょうど真ん中の値が中央値**です」

中央値は、データの数が奇数の場合と偶数の場合とで求め方が変わります。
データの数が偶数の場合は、真ん中にくる2つの値の平均が**中央値**になります。

データの数が奇数の場合　　中央値 5
ちょうど真ん中！　→　1 2 3 4 **5** 6 7 8 9

データの数が偶数の場合　　中央値 5.5
真ん中の5と6の平均！　→　1 2 3 4 **5 6** 7 8 9 10

「平均値と中央値の特徴のちがいは、Aチームのデータの15点を78点に変えてみるとわかります」

中央値は10点のままだけど、平均値は11点から20点に上がったわ

実際の得点　　中央値 10
7　9　10　**10**　12　14　15（点）
点数を全てたしてデータ数の7でわると→　平均値 11

高得点が入ると…　　中央値 10
7　9　10　**10**　12　14　**78**（点）
平均値 20

「平均値と中央値、それぞれの特徴をよく覚えておくことが大事です」

平均値と中央値の特徴
平均値…極端な値（外れ値）があると影響を受ける
（頑健性を持たない）
中央値…極端な値（外れ値）があってもあまり影響を受けない
（頑健性がある）

2章★なんで平均を出すのが大事なの？

会社の給料、どっちが高い？
平均値と中央値を比べてみよう

「平均値」と「中央値」のそれぞれのいいところ、特徴はわかってきましたか？
具体的な例で見ていきましょう。

「会社Aの社員全員の平均年収と会社Bの社員全員の平均年収を調べたところ、次のような結果でした」

会社Aの社員全員の平均年収	会社Bの社員全員の平均年収
570万円	500万円

会社Aの方が70万円多い！

「どちらの会社に入った方が高い給料がもらえそうですか？」

「それは会社Aに決まっているよ」

「社員の平均年収が会社Aの方が高いもんね」

「確かに平均が高いので実際にそうかもしれません。でも例えば次のように各社員の年収のうちわけを見てみたらどうでしょうか。わかりやすいように、それぞれ10人ずつで考えてみましょう」

会社A
300万円が9人
3000万円が1人

会社B
400万円が5人
500万円が4人
1000万円が1人

番号	会社Aの社員の年収	会社Bの社員の年収
1	300	400
2	300	400
3	300	400
4	300	400
5	300	400
6	300	500
7	300	500
8	300	500
9	300	500
10	3000	1000
合計	5700	5000
平均	570 (万円)	500 (万円)

中央値（5と6の間）／差が大きい

会社Aは、ほとんどの人が会社Bの社員よりも年収が低いよ

「会社Aは10番目の人が1人だけすごく高い年収になっているわ。社長さんかしら」

「そのせいで合計の数字は会社Aの方が大きくなっていて、それで平均も大きくなっているんだね」

「そうです。外れ値があるからです」

> 平均は統計では大事な指標で、日常生活でも、平均点や平均年収などよく使われます。しかし、平均だけですべてのことがわかるわけではありません。
> 平均は、会社Aの10番目の金額データのように、他と比べて極端に大きな値や小さな値（外れ値）が入っていると他の値とのずれが大きくなります。

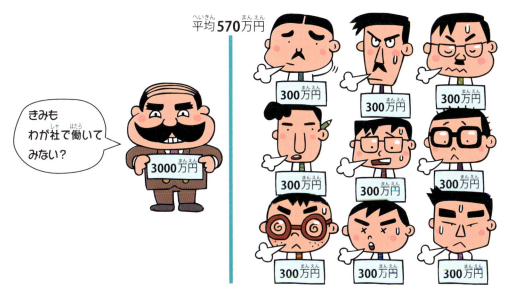

「へえ。確かに会社Aでは、平均年収の570万円より少ない人がほとんどだから、この会社に入ったからといって、みんなが570万円もらえるわけではないのね」

「そうです。ずれが出ているからです」

> **統計では、平均だけでなく、大きさの順に並べた時の真ん中にくる中央値という指標も使う**
> 左ページの表でいえば、5番目の人と6番目の人が真ん中なので、その2人の平均をとって会社Aの中央値は300万円、会社Bでは450万円になります。

2章★なんで平均を出すのが大事なの？

公平な採点をするには？
刈り込み平均を活用しよう

リオデジャネイロオリンピックでは日本選手と同じように競技種目の採点に「平均」も大活躍。どんなことに役立てられたでしょうか？

「オリンピックでは体操の選手たちが大活躍でしたね」

「でも、審査員が点をつける競技は、審査員がどの国の出身か気になるなあ。だって自分の国の選手に有利になるような採点をするかもしれないから」

体操の得点は、演技の難しさなどを評価する**演技価値点**と、演技の出来栄えを評価する**実施点**とを足して出します。技の出来栄えや、着地の美しさとか安定性、全体の流れなど、審査員の主観的評価が実施点に入りやすくなります。

「実施点は、5人の審査員が10点満点で採点します」

「平均をとれば、公平な採点となると思います」

「そうですね。確かに**平均**は、5人の採点結果の**中心がどこにあるかを見つける大事な統計**です」

では仮に、ある選手の演技に5人の審査員が、イタリア（ITA）、アメリカ（USA）、クロアチア（CRO）、韓国（KOR）、デンマーク（DEM）だったとして、順に7点、6点、8点、5点、6点で採点をしたとしましょう。

「平均は、(7+6+8+5+6)÷5＝6.4点です。この結果だと、公平ですね。では、順に2点、3点、3点、4点、10点、がつけられていたらどうでしょうか？」

「平均は、(2+3+3+4+10)÷5=4.4点です」

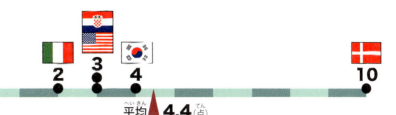

「平均しても、真ん中にはなりません。他の審査員は低い採点なのに、デンマークの審査員が10点をつけたせいです」

> 統計では、極端な点数の影響を少なくするために、点数を大きさの順にならべ、高い側と低い側の両側から同じ数ずつデータを除いたうえで平均を求めることとがあります。このような平均を、**刈り込み平均**、**トリムド平均**などと呼びます。

「体操の場合は、5つの点数のうち一番高い点数と低い点数を除いた3つの点数の平均が実施点となります」

「その場合だと最初の例では、**刈り込み平均**得点は、約6.33点、後の例では、約3.33点ですね。納得の結果です」

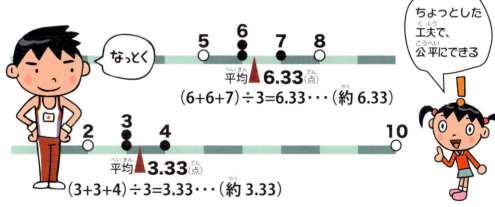

(6+6+7)÷3=6.33・・・(約6.33)

(3+3+4)÷3=3.33・・・(約3.33)

ちょっとした工夫で、公平にできる

> **平均など統計の指標（評価の目安となるもの）は、目的や状況に応じて工夫して作られている**
> 平均にもいろいろな種類があり、暮らしにも役立つので調べてみよう！

2章★なんで平均を出すのが大事なの？

どこがいちばん多い？
てっぺんの値が最頻値

平均値や中央値は、複数のデータを1つの数値で要約したものなので、「代表値」と呼びます。代表値には、もう1つあります。最頻値について見ていきましょう。

「**最頻値**とは、簡単にいうと**最も多く出てくる値**のことです」

ある6年生のクラス（24人）の靴のサイズのデータがあります。このデータでは、最頻値はいくつですか？

| 20 | 17 | 17 | 19 | 20 | 17 | 19 | 14 | 18 | 20 | 15 | 18 |
| 18 | 15 | 21 | 17 | 14 | 16 | 22 | 16 | 18 | 19 | 16 | 18 |

(cm)

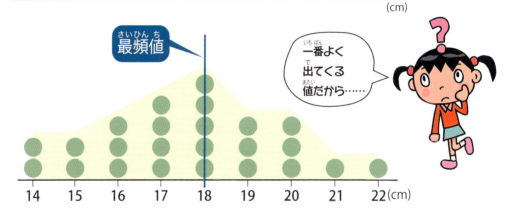

「18cmが5人で一番多いから、**最頻値**は18cmだね」

「グラフにすると、**分布のてっぺん**になっているところが、**最頻値**です」

「上の例は**量的データ**の場合でしたが、**最頻値**は、**質的データ**の場合でもあります。**質的データ**の場合は、**最頻値**は**最も多く出てくるカテゴリー（分類）**になります。このことを次の問題で確認してみましょう」

70

右のデータは、クラス会でやりたいゲームを調べたものです。この場合の最頻値は？

クラス会でやりたいゲーム	人数(人)
フルーツバスケット	7
ハンカチ落とし	10
クイズ大会	5
イス取りゲーム	8

「一番多いのは10人だから、ハンカチ落としだね」

「多数決で決めているときは、最頻値で考えていることなんだね！」

「そうです。最頻値は、もっともあてはまる人が多いものを決める時に使います」

下の50m走の記録のように量的データを階級別で整理した表（度数分布表）の場合は、最頻値は、最も度数の多い階級の階級値を指します。階級値というのは、階級の真ん中の値のことです。

「次のデータは、あるクラスの50m走の記録です。この場合の最頻値は？」

あるクラス32人の50m走の度数分布表

階級（以上、未満）	階級値	人数(人)
7.6秒〜8.0秒	7.8秒	4
8.0秒〜8.4秒	8.2秒	6
8.4秒〜8.8秒	8.6秒	5
8.8秒〜9.2秒	9.0秒	8
9.2秒〜9.6秒	9.4秒	6
9.6秒〜10.0秒	9.8秒	3

この欄に注目！

「8.8秒〜9.2秒が8人で一番多いから、この場合の最頻値は、その階級値の9.0秒だね」

最頻値…最も多く出てくる値（またはカテゴリー）
度数分布表の場合は、最も度数の多い階級値（階級の真ん中の値）

2章★なんで平均を出すのが大事なの？

男子と女子、身長の傾向って？〈1〉
正規分布と平均値のすてきな関係

身長は1人1人ちがいますが、クラスや学年全体で身長の特徴を考えるには、どうしたらいいでしょうか。いっしょに考えてみましょう。

👦「身長は何cmですか？」

👦「ぼくは145cm」

👧「私は151.5cmです。クラスでもちょっと高い方です」

👦「データを集めてグラフにしたり、平均値を計算したりしましょう」

文部科学省の2013年度学校保健統計調査の結果では、小学6年生男子の平均身長は145.0cmで、女子が146.8cmと出ています。

👦「では、身長のばらつき方と平均値の関係を考えてみましょう。実際に身長の順に並んでもらって、**リビングヒストグラム**を作ってもらいます」

👦「リビングヒストグラムって？」

👦「身長を左から右に低いところから高い順に、例えば4cmくらいの間隔でまとめて、その範囲に入る人に縦に並んでもらいます。」

男子のリビングヒストグラム
（小学6年生）

同じ学年で、女子と男子に分けて作ると、例えば男子はだいたい右の図のようになります。

何cmから何cmという幅は、全て同じにするのが大切！

「リビングヒストグラムを実際のグラフにしてみたのが、下の図です。横軸が身長、縦軸の棒の高さがその身長の区間に入る人数を表しています。平均身長のあたりに、人数が多くなっているのが**身長のばらつき方**の特徴です」

> この赤い曲線の形は、統計学で**正規分布**という重要な形です。正規分布のような形で、データの値の起こりやすさが表現できる分布の場合、**平均値**が最も**データが起こりやすい**ということになります。

「赤いカーブの意味はなんですか？」

「このグラフで見る**身長のばらつき方**は、平均値あたりに人数が集中し、山を1つ作っています。その山から左右対称に、だんだん人数が減っていっています。このことを**単純な曲線で表した**ものです」

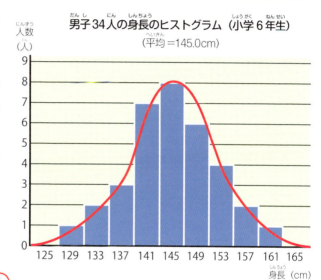

男子34人の身長のヒストグラム（小学6年生）
（平均＝145.0cm）

ぼくの身長は平均値に近いね！

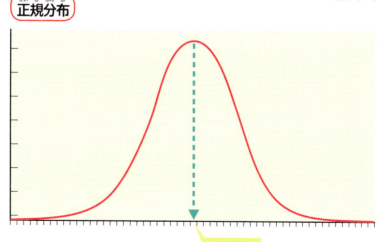

正規分布

平均値

「それで**集団**の**代表値**として、**平均値**を使うんだね！」

「身長を例に、**正規分布**と**平均値**の学習をしました」

次のページにつづく

2章★なんで平均を出すのが大事なの？

男子と女子、身長の傾向って？〈2〉

標準偏差でゆとりの幅をもって見よう

たとえばクラスの身長など、傾向をつかむには幅が必要といわれます。どういう意味でしょうか？

「前のページで身長のリビングヒストグラムを作りましたね？」

「はい！　身長の分布を表した**正規分布**も覚えています。下の赤い線で表した曲線です」

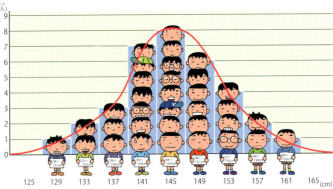

「学校保健統計調査（2013年度）では、年齢別の身長の統計表を公表しています。下の表からなにがわかりますか？」

	年齢（歳）	男子身長 (cm)		女子身長 (cm)		学年
		平均値	標準偏差	平均値	標準偏差	
小学校	6	116.6	4.98	115.6	4.83	(小1)
	7	122.4	5.19	121.6	5.10	(小2)
	8	128.2	5.38	127.3	5.52	(小3)
	9	133.6	5.64	133.6	6.13	(小4)
	10	139.0	6.15	140.1	6.80	(小5)
	11	145.0	7.08	146.8	6.04	(小6)
中学校	12	152.3	7.90	151.8	5.92	(中1)
	13	159.5	7.68	154.8	5.45	(中2)
	14	165.0	6.75	156.5	5.31	(中3)

最も大きい　　最も大きい

中学に入るとぼくも背がのびるかも！

「年齢が上がるごとに、男女とも身長の平均値が上がっています」

「小学校までは女子の平均身長が高いけど、中学校からは男子の方が高くなってる！」

「ところで、表にある**標準偏差**ってなんですか？」

「男子は中1まではだんだん大きくなっているけど、中2では小さくなってる。女子は小5が最高で6.80cm、あとは、だんだん小さくなっています」

「なぞなぞのようですね。**標準偏差**は、じつは**正規分布の図では下の紫色の平均値からの両矢印の長さ**を指しています」

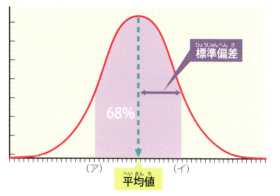

「どんな意味ですか？」

「**全体の3分の2よりちょっと多いくらいのデータが集まる中心部分の平均値との差を標準偏差**といいます」

平均値－標準偏差 ……… （ア）cm
平均値＋標準偏差 ……… （イ）cm を求めると、
（ア）cm から（イ）cm までの間の身長の人が、だいたい全体の3分の2より少し多い（68%）過半数であることがわかっているので、このような**集団の（中心的な）傾向を示す時に使う大事な指標が標準偏差**というわけです。

「小6の男子と女子で計算してみるとどうなるのかな」

■男子（小6、11歳）
　平均値－標準偏差＝ 145.0 － 7.1 ＝ 137.9cm…（ア）
　平均値＋標準偏差＝ 145.0 ＋ 7.1 ＝ 152.1cm…（イ）
■女子（小6、11歳）
　平均値－標準偏差＝ 146.8 － 6.6 ＝ 140.2cm…（ア）
　平均値＋標準偏差＝ 146.8 ＋ 6.6 ＝ 153.4cm…（イ）

「つまり、小6男子の**傾向**は、137.9cm〜152.1cm の間、女子は140.2cm〜153.4cm の間というわけですね」

集団の傾向をつかむ時は……
平均値だけを見るのではなく、標準偏差の値も利用して、幅をつけて見ることも大切

2章★なんで平均を出すのが大事なの？

「学問のすゝめ」のあの人が？

日本に統計を広めた福澤諭吉

人間の平均を調べたベルギーのケトレーは、「統計学の父」とも呼ばれています。日本でも、統計の普及に力を尽くした有名な学者がいます。どんな人でしょう？

「ケトレー博士やナイチンゲールの後の時代の人かな？」

ケトレーやナイチンゲールが統計学者として活躍した時代のヨーロッパでは、統計で国全体の様子（国勢）も見なければならないということで、「国勢調査」への関心もすごく高まっていました。

「日本でも明治時代に西洋の国々でブームになっている**統計学の重要性をいち早く理解して、日本に導入と普及を熱心に進めた学者**がいます。それが**福澤諭吉**です。知ってますか？」

「1万円札の人だ……」

福澤諭吉 1835－1901年

「慶應義塾大学の創立者でもあり、明治時代の教育者としてもたいへんに著名な人物です」

「天は人の上に人を造らず、人の下に人を造らず（『学問のすゝめ』）を学校で習ったわ」

1854年にオランダで『地球上の全土に関する統計表』という本が出て、そこに世界中のいろいろな国の面積や人口、産業や貿易などの統計資料が掲載されました。

「福澤諭吉は1860年、弟子とこれを訳し、『万国政表』として出版しました」

福澤諭吉『学問のすゝめ』

オランダ語の本が、6年後にすぐ、日本語で紹介されたのね

『万国政表』は日本で最初の世界統計書です。福澤諭吉は長く鎖国をしていた日本人に、世界を理解してもらうためには、国の広さや住んでいる人間の数など統計数字を示すことが最も大切と考えたわけです。

「福澤諭吉は、大蔵省統計司（現在の総務省統計局）の創立（1870年）や、民間の製表社の設立（1878年）にも貢献しています」

ミニ知識

福澤諭吉は、「統計はとても重要で、あいまいな印象を統計数字で確かなものにし、その関係性を明らかにしていくことで文明は進歩するし、その統計を理解できる国民が普通にたくさんいることが文明国である」という内容の言葉を自分の本の中で残しています。その一部を紹介しましょう。

文明進歩の目的は国民全体を平均して最大多数の最大幸福に在るのみならず、その幸福の性質をして次第に上進せしむるに在り。……苟もこの統計全体の思想なき人は共に文明の事を語るに足らざるなり。

3章★起こりやすさと確率を考えよう

サイコロ、何回投げてみる？〈1〉
グラフを使って確率を推測しよう

統計の役割の1つに「変化を予測する」がありましたね。表やグラフを使って、「起こりやすさ」について考えていきましょう。

「今、サイコロを1つ持っています。それを投げてみると、1の目と4の目で、どちらが出やすいと思いますか？」

「1の目かな？」

「どちらも同じぐらい？」

「サイコロを10回投げてみました。右の表が結果です」

サイコロを10回投げて1の目と4の目が出た回数

1の目		4の目	
投げた回数	出た回数	投げた回数	出た回数
10回	0回	10回	1回

「4の目の方が出やすいってことかな」

「でも、10回しか投げていないから、たまたまかもしれないし、もっと投げてみないとわからないよ」

「大切なことですね。**同じ条件で何回も実験をしてデータを集める必要があります**ね。さらに、サイコロを40回投げてみたのが、右の表です」

サイコロを合計50回投げて1の目と4の目が出た回数

1の目		4の目	
投げた回数	出た回数	投げた回数	出た回数
50回	8回	50回	6回

「1の目の方が出やすいのかな」

「もっと投げてみないとわからないわね」

なにか法則があるのかな？

「さらにサイコロを投げる回数を増やしたのが右の表です。**投げる回数を増やしていくと出る回数の割合が似てきています**よ。気がつきましたか？

1の目の出る割合
150回投げた時　30 ÷ 150 = 0.2
200回投げた時　41 ÷ 200 = 0.205
250回投げた時　49 ÷ 250 = 0.196

サイコロを100～250回投げて1の目と4の目が出た回数

1の目		4の目	
投げた回数	出た回数	投げた回数	出た回数
100回	12回	100回	19回
150回	30回	150回	28回
200回	41回	200回	39回
250回	49回	250回	43回

「さらに、サイコロを投げて回数を増やし、**目の出る割合（出た回数）÷（投げた回数）**を計算したものを**折れ線グラフ**にしてみます」

サイコロの1の目と4の目の出る割合（投げた回数は50～600回）

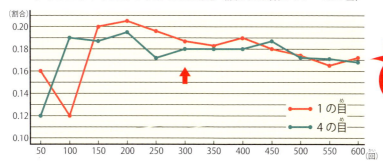

300回あたりから2つの目が近づいている！

「投げる回数が少ない時は、1の目も4の目も、**目の出る割合にばらつきが大き**かったけど、**投げる回数を増やしていくと**、だんだん、どちらも**目の出る割合が0.17のあたりに近づいていく**ね」

「グラフを見ると、回数を増やしても、どちらも目の出る割合はほとんど変わらないと**推測**できるわ」

❶ あることがらが起きた回数の全体の回数に対する割合のことを「**相対度数**」という
　1～6の目が1つずつ書かれていて、ひずみや欠けのない均質なサイコロを投げた場合、実験回数が多くなればなるほど、どの目が出るか（相対度数）は一定の等しい値に近づいていきます。

❷ 実験や観察などを通して調べたあることがらの起こりやすさの度合いを表す数を、そのことがらの起こる「**統計的確率**」という

次のページにつづく

3章★起こりやすさと確率を考えよう

サイコロ、何回投げてみる？〈2〉
起こりやすさを考えよう

> サイコロの目の出る確率について、もっと考えていきましょう。

「サイコロのある目の出る確率は $\frac{1}{6}$ といわれています。では、1の目の出る確率は、**6回投げてみたら必ず1回は1の目が出る**ということでしょうか？」

「でも、1回も出ないこともあるし、2回、3回も出ることもあるよね。$\frac{1}{6}$ってなんなんだろう」

「サイコロの目の出方は6通りあり、それぞれが同じ**確率**で起こるので $\frac{1}{6}$ という確率を求めることができます。これを**数学的確率**といいます」

そういえるかしら？

> でも、実際に投げると、6回のうち1回や30回のうち5回というように少ない回数でちょうど $\frac{1}{6}$ に必ずなるわけではないのです。1000回、1万回と回数を重ねると、**統計的確率**が、だんだん $\frac{1}{6}$ になることがわかっています。これを**大数の法則**といいます。

「なるほど。いっぱい投げたら、最後には $\frac{1}{6}$ にひじょうに近い値になるのね」

「では今度は、次のような特別なサイコロで考えてみましょう。このサイコロは、●、▲、✕の3種類の面でできていて、しかもそれぞれ数がちがっています。●が3面、▲が2面、✕は1面です」

「●の面が一番出やすくて、その確率は $\frac{1}{2}$ だ」

「その通りです。では、このサイコロを2個用意して投げてみましょう」

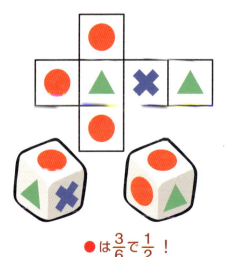

●は $\frac{3}{6}$ で $\frac{1}{2}$ ！

2個のサイコロの面の出方は●と●だったり、▲×になることもあるでしょう。一番出やすい面の組み合わせはどれだと思いますか？

サイコロ2個を約5000回投げて出た組み合わせ面の回数

組み合わせ	出た回数
●●	1183
●▲	1517
●×	864
▲▲	561
▲×	566
××	155
合計	4846

「●の面が絶対出やすいんだから●●に決まっているわ」

「ぼくもそう思うよ」

「では左ページで伝えた**大数の法則**に基づいて考えてみましょう。5000回近くこのサイコロを投げた結果をまとめたものが右の表です」

「●●より●▲の方が多く出てる」

「こんなのおかしいよ」

「どうしてでしょうか？次の表のように考えてみましょう。2つのサイコロの面をそれぞれ上側と左側に並べます。表の中が**目の出方の組み合わせ**です」

サイコロ2個の目の出方の組み合わせ表

← この横の欄は1つ目のサイコロの目

左端の縦の欄は2つ目のサイコロの目

▲▲は4個
●×は6個
●●は9個
●▲は12個

「●●が9個なのに、●▲は12個もあるわ」

「ほんとだ。●▲の方が出やすいなんて意外だね」

数学的確率を求める時は、「場合の数」をきちんと数えよう！

3章★起こりやすさと確率を考えよう

ラッキーなお菓子はどれ？
統計と確率のつながり

日本では「確率」は、中学2年から勉強しますが、海外では小学校から勉強します。統計と確率はつながっている大切な指標ですから、学んでおきましょう。

「お菓子を例に**統計と確率のつながり**を説明します。いろいろな種類が入っているビスケットやチョコレートなどのお菓子には、「レア（貴重）なお菓子」といって、なかなか目にすることがない絵柄や形のものがあることは聞いたことがありますか？」

「あるビスケットには、眉毛つきのコアラは少ないから、入っていたらラッキーと聞いたことがある」

ここに30個入りの動物ビスケットのお菓子の袋があります。袋の中から適当に1つ取り出したとき、どんな種類の動物を取り出す可能性が高いでしょうか？ それぞれの**動物の選ばれる可能性**を**確率**で考えてみましょう。

「たとえばクマ、ラクダ、ゾウ、ライオン、サル、ヤギ、フクロウ、ペンギン、ウサギ、サイ、カメ、シマウマの12種類の動物があるとしましょう。実験、開始！」

動物の数の表

動物		数
クマ	一	1
ラクダ	T	2
ゾウ	正	4
ライオン		1
サル	正T	6
ヤギ	T	2
フクロウ	T	2
ペンギン	F	3
ウサギ		0
サイ	T	2
カメ	F	3
シマウマ	正	4

ビスケットを取り出したら、そのたびに表に正の字を書いていくといいね

合計が30個になっているかを計算すると、数え忘れがないかの確認にもなる

「左ページの表を棒グラフにしてみました」

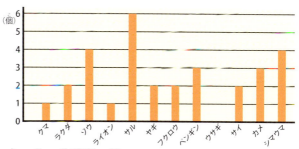
1袋の中の動物の数（1袋中30個）

「このグラフを見ると、サルが一番多いわ。袋から1つ取り出した時、**サルの可能性は高い**といえるわ」

「**ゾウやシマウマも多いから**、取り出す可能性は高いといえるよ」

「1つも入っていないから**ウサギが出てくる**確率は、一番低い。クマとライオンも低いといえるわね」

では、4袋（120個）分から適当に1つ取り出した時、どんな動物を取り出す**可能性が高い**でしょうか？ **可能性が低い**のは、どんな種類の動物でしょうか？

「4袋のグラフを見ると、**サルやゾウを取り出す可能性が高い**といえるわ。**ライオン、ヤギ、フクロウ、ウサギは取り出す可能性が低い**といえるわ」

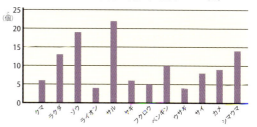
4袋の中の動物の数（4袋中120個）

「1袋と4袋も入っている種類の**割合**が似ているのね。ウサギやライオンが出たらラッキーだわ」

「たとえば、**1袋と4袋のどちらのグラフでもライオンは約3％入っている**ことになります。ビスケットを1つ取り出して元に戻すのを**100回くり返した時、およそ3回の割合でライオンが出る可能性がある**ことを意味します」

1袋と4袋のグラフを比較するために百分率にした棒グラフ

表や棒グラフは、見方を変えると確率につながる

3章★起こりやすさと確率を考えよう

豪華賞品を当てるには？

条件が変われば確率が変わる

「当たり」「ハズレ」はその時の運と思っていませんか？　条件によっては、「当たりやすい」選び方があります。見ていきましょう。

「きみたちの前には、3つの箱A、B、Cがあります。1つには豪華賞品が入っているとしましょう。残り2つの箱はハズレです。1つ選んでください」

「じゃあCの箱」

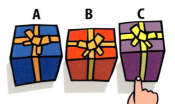

最初にCを選ぶとする

「ここでCの箱を開けて確認するのは簡単ですが、もう一工夫してみましょう。選ばなかったAとBは両方ともハズレか、少なくとも片一方はハズレですよね」

「そうです」

「私は中身を知っているので、教えてあげましょう。**Bの箱はハズレ**です」

Bはハズレとわかる

「**これで当たりはAかCにしぼられたぞ**」

「もう一度チャンスをあげましょう。今なら**最初に選んだCからAの箱に選択を変えても構いません**。Cの箱のままでも構いません。どうしますか？」

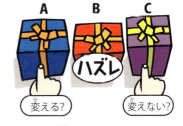

最初に選んだCをAに変えてもよい場合

「う～ん、どうしよう。でも最初に選んだ直感を信じてCの箱のままにしてみる」

「では開けましょう。残念、**当たりはA**でした。この賞品の選び方は、アメリカで1960年代に放送されていたテレビ番組で使われていたものです」

これと同じ場面に遭遇したら最後に選択を変えますか？　変えませんか？

「私は変えちゃうと思うわ」

「ぼくは最初の直感を信じて変えないかな」

「今回も多数回行った結果から考えましょう。表で見ると、選択肢を変えた方が当たりやすいようです」

選択を変えない時と変える時の
賞品獲得（当たり）の回数

	変えない	変える	合計
賞品獲得	175	342	517
ハズレ	325	158	483
合計	500	500	1000

変えたときの方が2倍近くアタリが多い！

「こんなに差がつくなんて、なんでだろう」

「仮に当たりがAの箱だったとすると、初めの選択でAの箱を選んでいたら、BかCの箱のうち片方をハズレとして見せられて、最後の選択をするわけね。この場合は変えなければ賞品獲得」

当たりがAの時 最初にAを選んでいた場合

このまま変えなければ賞品獲得

「じゃあ同じようにAの箱が当たりだとして、初めにBの箱を選んだとしたら、ハズレとして見せられるのはCの箱だけだね。それでAの箱に変えてもいいといわれるんだから変えると当たるね。初めにCの箱を選んだ場合も同じで変えると当たりになるよ」

当たりがAの時 最初にBを選んでいた場合

変えれば確実に賞品獲得

「当たりの箱がAでなくて、Bの場合で考えても同じよ。変えないで当たる場合は1通りなのに、変えるで当たる場合は2通りあるわ。変えた方が当たりやすいんだわ」

「よく気づきましたね」

この例では、見方を変えると次のようにもいえます。

最初の選択で、ハズレを選んだ場合 ⇒ 変えると当たり
　　　　　　当たりを選んだ場合 ⇒ 変えないと当たり

**最初の選択はハズレを選ぶ確率の方が2倍だから、
ハズレを選んだと仮定すると、変える方が当たりやすい**

3章★起こりやすさと確率を考えよう

勝負中断！ ケーキはどう分ける？

確率で計算してみよう

「もし〇〇だったらどうなるだろう？」という視点で確率を考えます。

「ジャンケンをして、先に3回勝った方の勝ちというようなルールで、勝負をすることはありませんか？」

「弟とやります。先に5回勝った方はおつかいに行かなくてもいいとか」

「では、クイズです。太郎くんと花子さんの2人で、ジャンケンで勝負をして先に5回勝った方が全部、ケーキを食べる権利があるとします。太郎くんが4回、花子さんが2回勝ったところで、『その勝負待った！』がかかり、最後までできなくなりました。この場合、ケーキはどう分けたらいいでしょう？」

「太郎くんの方が勝った回数が多いんだから、ケーキは全部、太郎くんのもの！」

「花子さんだって2回は勝っているのだから、現在の勝ちの回数の比4：2＝2：1」

「では花子さんにも、$\frac{1}{3}$ はケーキを食べる権利があると思いますか？」

「うーん。そんなに分けないといけないのかな。太郎くんはあと1回勝てばいいだけなのに……惜しい！」

「でもそのまま続けていれば、花子さんが連勝して、逆転する場合もあるわ」

「いいところに気がつきましたね。さっきのケーキの分け方は現在の実績だけを考えていて、もしジャンケンを中止しなければ、最終的にどういう結果になっていたかという予想は入っていません」

「もし、ジャンケンの勝負を続けていたら……」の可能性を考えてみましょう。引き分けはとばして続けるので、ジャンケンで勝負がつくところだけで考えると、太郎くんが勝つ確率も花子さんが勝つ確率もどちらも同じ2分の1とします。ずっと引き分けを続けることはないとします。

「花子さんは3回、連勝しなければ勝ちにならないわね」

「太郎くんは花子さんより7倍、勝利の可能性があることになる……。この可能性で分けると、7：1。つまり、太郎くんはケーキを $\frac{7}{8}$ 食べることができるのか！」

もしジャンケンを続けていたら……

回数	花子　太郎	花子　太郎	花子　太郎	花子　太郎
1	勝—✕	勝—✕	勝—✕	✕—勝
2	勝—✕	勝—✕	✕—勝	
3	勝—✕	✕—勝		
確率	$\frac{1}{2}×\frac{1}{2}×\frac{1}{2}=\frac{1}{8}$	$\frac{1}{2}×\frac{1}{2}×\frac{1}{2}=\frac{1}{8}$	$\frac{1}{2}×\frac{1}{2}=\frac{1}{4}$	$\frac{1}{2}$
	花子さんが勝利する確率 $\frac{1}{8}$	太郎さんが勝利する確率 $\frac{1}{8}+\frac{1}{4}+\frac{1}{2}=\frac{1}{8}+\frac{2}{8}+\frac{4}{8}=\frac{7}{8}$		

「さっきの分け方だと、花子さんは、$\frac{1}{3}$。でも、もし続けていたら……まで計算すると、たったの $\frac{1}{8}$。ずいぶんとちがいます」

「確率を計算して予想することになれていないと、なんだか損をするということが、よくわかりました」

**確率や統計は、先を見通すための大事なもの！
苦手でもしっかり勉強しましょう！**

3章★起こりやすさと確率を考えよう

超能力も測ってチェック？

可能性を確率で計算して検討

超能力って、信じますか？ 実際にあるかどうかは別として、その力の可能性を、統計と確率で測定したアメリカ政府の研究について、見ていきましょう。

「超能力は、遠く離れたところで起こってることが見えたり、話さなくても心を伝えあうなどの特別な能力のことです」

「ぼくはＳＦ映画が大好きなので、超能力、あこがれるけど、本当にあるのかな？」

「アメリカ政府のスターゲート・プロジェクトは、超能力者を探したり、超能力を鍛錬したりする計画として知られています」

「そんなプロジェクト、実際にあったんですね。すごい！」

「アメリカ陸軍の超極秘計画で、１９７０年代〜１９９４年、スタンフォード研究所で行われていました。このプロジェクトでは、女性の統計学者が活躍しました。**確率**の計算を使った**統計手法**で、その人が透視能力を持っている可能性を判断しました」

「統計でそんなこともわかるんですか？」

今、伏せてある４枚の紙に１つだけ当たりがあるとします。透視能力のある人なら、当たりのカードを引き当てるのは簡単ですよね。ある人がそれに挑戦して、１回当てたら、透視できたことになるでしょうか？

「透視できない人でも、どれか１つを引いて**たまたま当たりが出る確率は$\frac{1}{4}$だから２５％**です。**１回当てただけでは、透視能力の証明にはならない**と思います」

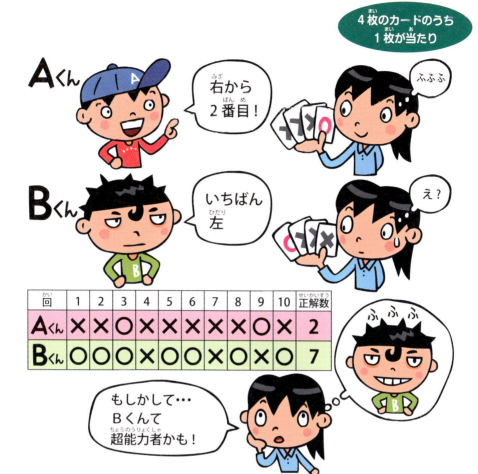

- 「そうですね。でも、**10回全部当たったらどうですか**」

- 「その確率はとても小さくなるのでは？」

- 「いいところに気づきましたね。普通の人が10回当てるのはかなり難しいですね」

> どのくらい難しいかは確率の計算で求められます。1回当てる確率は$\frac{1}{4}$。これを10回連続で当てるには$\frac{1}{4}$の10乗（$\frac{1}{4}$を10回かける）で、0.00000095くらいの値になります。ほとんどゼロになります。

- 「でも、もしそういう人がいたら、透視能力がある可能性が出てくるのね！」

- 「そうです。**まぐれを前提に、実際に当てた回数以上に当てる確率を求めて、超能力がありそうかどうかを検討します。これを、2項検定といいます**。超能力以外にも最近の物理学の大ニュース、ヒッグス粒子の存在証明でも似たような理論が使われましたよ」

3章★起こりやすさと確率を考えよう

野球をデータでサイエンス！〈1〉

起こる確率を分布図にして予測

スポーツの世界にはたくさんの選手や試合の記録データがあります。これらをまとめて図にすると、これまでわからなかったスポーツのさまざまな傾向（パターン）が見えてきます。

「みなさん、野球好きですか？」

「ぼくは、ホームラン打ったことあるよ！」

「野球やサッカー、バレーボールなど、スポーツの世界も最近は、データを使っていろいろな戦略が立てられています」

私たちはプレーを見てもその一部しか覚えられません。でもすべて記録してデータ全体をグラフでまとめてみると、パターンが見えてきます。パターンが見えると次になにが起こるのかの予測ができます。

「プロ野球で活躍するA選手のシーズン中の打撃方向のデータを集め、分布を表したのが下の図です。打撃方向のデータを集めて割合を出しています」

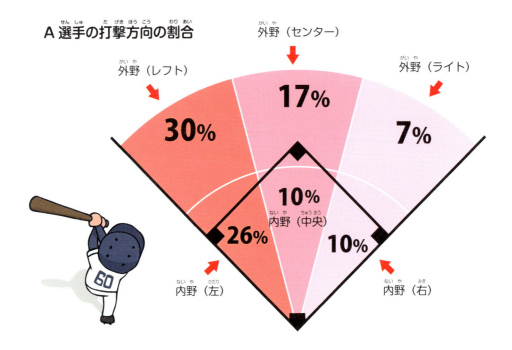

A選手の打撃方向の割合

「ベースの中の数字が内野の打球で、外が外野へ打った割合だね」

「レフト方向に一番よく打ってるのね」

「いいところを読み取りましたね。**データの分布**を見ることがデータ分析ではとても大切です」

> 全体の分布を見ると、よく起きているところ、たまにしか起こらないところが見えてきます。これをデータ（統計）に基づく予測といいます。どこで何回起こったかの割合を計算すると、この数字が次にそこにデータが起こる確率と考えられます。

「天気予報の降水確率も、過去の雨が降った記録のデータから求めていたのね！」

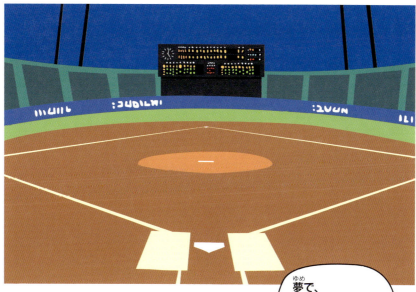

「夢で、スリーベースヒットを打つって予測しちゃった」

さまざまな現象の予測には、次の2つが用いられています。
❶ データを大量に集めて観察する
❷ 状況に応じた割合を求める

次のページにつづく

3章★起こりやすさと確率を考えよう

野球をデータでサイエンス！〈2〉
データから割合を求めて予測

記録されたデータから割合を求めると、その数字は次に起こる確率、つまり、未来を予測する確率になります。その計算方法を学びます。

「打球のデータから割合を求めてみましょう」

「ぼくの記録があるんだ。ぼくのデータで教えてください」

ポジション別の打球の数

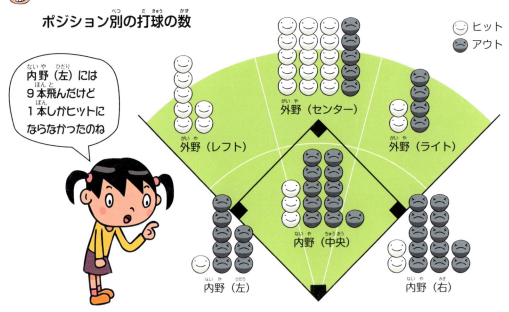

内野（左）には9本飛んだけど1本しかヒットにならなかったのね

まず、内野（右）に飛んだ割合を求めてみましょう。なにが必要になりますか？

「内野（右）に飛んだ打球の数とえーと……？」

「全部の打球の数！」

「そうですね。次の式で求めます」

内野（右）に飛んだ割合＝内野（右）に飛んだ打球の数 ÷ 全部の打球の数

「全部の打球の数は9＋14＋14＋7＋20＋6で70本。そのうち、内野（右）が14本。14÷70は、え～と……」

「0.2だから20％」

「ずいぶん多いなあ。5本に1本か……」

「外野に飛んだ**割合**は？」

「7 ÷ 70 = 0.1。10％だ。10本に1本しか飛んでない」

「でもここでは、全部がヒットになってる！」

ポジション別の打球数割合

ポジション	ヒット（本）	アウト（本）	打球数の合計（本）
内野（右）	2	12	14
内野（中央）	3	11	14
内野（左）	1	8	9
外野（ライト）	2	4	6
外野（センター）	15	5	20
外野（レフト）	7	0	7
合計	30	40	70

「今度はヒットとアウトを区別して考えてみましょう」

> **外野（センター）に飛んだ時にヒットになった割合はいくつになるでしょう？**

「ヒットの数 ÷ アウトの数？」

「ちがいます。**そこでの全体の数で割る**ので、15 ÷（15 + 5）= 15 ÷ 20 で求めます。これを**相対度数**といいます」

「0.75になるので、75％ですね」

> **状況に応じたいろいろな割合（相対度数）を求めると統計的確率として、予測に役立つ**

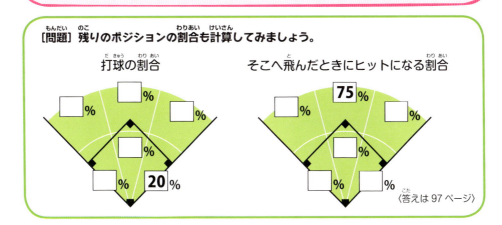

[問題] 残りのポジションの割合も計算してみましょう。

〈答えは97ページ〉

4章★おさらい！ 統計グラフのポイント

統計グラフとデータの関係

統計は、集めたデータをまとめて意味のある数値にしたもののことで、グラフに表されるのは集団や全体の様子を表す数値です。データが「質的データ」か「量的データ」かによって選ぶグラフも変わります。

青のページ数はその項に関係するおもな本文箇所。

1 グラフの種類と目的　　16〜19ページ参照

- 絵グラフ／棒グラフ ── 大小を比較するグラフ
- 円グラフ／帯グラフ／積み上げ棒グラフ ── うちわけ（構造）を見るグラフ
- 折れ線グラフ ── 変化を見るグラフ
- ドットプロット／ヒストグラム／箱ひげ図／幹葉図 ── 集団全体のばらつきや散らばりを見るグラフ
- レーダーチャート ── パターン（型）を見るグラフ
- 散布図 ── 関係を見るグラフ

2 データの種類と特徴

データにはいろいろな種類があります。それぞれの種類ごとに用いるグラフがちがってくるので、どのような特徴があるのかを知っておくことが大切です。

質的データ …… 種類のちがいや区別で記録されるデータ（測れないデータ）
例：好きなスポーツ、得意科目（体育、算数、国語などの科目）、血液型、ボタンの色や種類など

量的データ …… 数量で記録されるデータ（測れるデータ）

　離散型の量的データ …… 0、1、2など整数の値しかとらない飛び飛びのデータ
　例：竹馬で歩けた歩数（1.5歩や3.27歩とは数えない）、おこづかいの額、サッカーのシュートの本数、人数、回数など

　連続型の量的データ …… 123.5や171.35など、小数点以下の値を含む、連続的な値をとるデータ
　例：身長（145.0cmの次は、145.000……001cm）、体重、家での勉強時間、ソフトボール投げの距離、気温、花粉の飛ぶ量など

ペット犬や平均小学生の話の中に出てきましたね。
もう一度読んでみましょう！

1章20〜21ページ　2章61ページ
4章100〜103ページほか

3 データの種類と表すグラフ

質的データと離散型の量的データ、連続型の量的データでは、表すグラフも変わります。データの種類と表されたグラフの関係を見てみましょう。

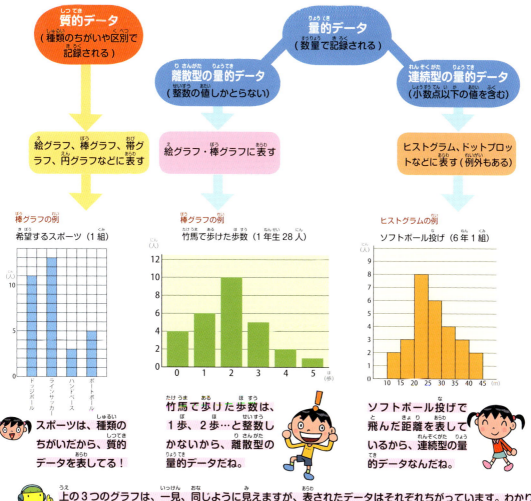

上の3つのグラフは、一見、同じように見えますが、表されたデータはそれぞれちがっています。わかりましたか？ データの種類によって表されるグラフは下の図のようになります。

絵グラフと棒グラフは、量的データも質的データも両方表せます。

1章 20〜21ページ　2章 61ページ
4章 100〜103ページほか

95

4章★おさらい！ 統計グラフのポイント

絵で表せるものは？〈1〉
絵グラフのポイント・分類の基本

グラフを作るには、そのグラフの特徴を知る必要があります。これまでに出てきたグラフについてポイントや特徴、使い方を見ていきましょう。まずは絵グラフからです。

「絵グラフの特徴を覚えてますか？　次にまとめます」

> **絵グラフとは？**　データの数量を**絵**や**記号**で表現したグラフ。テーマに合った絵や記号で表すことで、なにを表しているグラフなのかをイメージしやすくなります。

「では問題です」

箱の中にボタンがたくさん入っています。このままだと使う時に困るので整理してみましょう。

いろんな種類のボタンがある…

「ぼくは、こんなふうに整理してみたよ」

「**同じボタン**で分けて絵グラフにしたのね。でも、●のボタンと●のボタンは数が同じなのに、●の方が高さが高いから、多いように見えちゃう。他のボタンどうしも同じことがいえるわ」

「**ボタンの大きさをそろえて表す**必要があるんだ。そうすれば、誤解しないね」

「高さで比べられるように、**異なる大きさのボタンも等しい高さになるように並べます**」

ポイント❶ データの数量を見た目（高さ）で比較しやすくするために、絵や記号の大きさや高さをそろえる。

「マスを書くことで、縦軸に個数を書くこともできるし、それぞれのボタンが何個あるかもすぐにわかるわ」

「さっきは**同じ**ボタンに分けて作りましたが、別の**観点**で分けて絵グラフを作ることもできます。どんな分け方が考えられるでしょうか？」

「服の色によってボタンを使い分けたいときは、似た色ごとに整理されてるといいね」

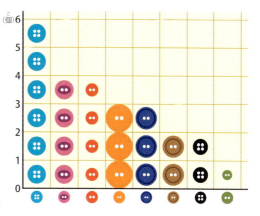

ボタンの大きさ（高さ）をそろえた絵グラフ

ポイント❷ 目的に応じて、**分類する観点**を決めることで、いろいろな絵グラフを作ることができる。

[問題]
ボタンを分類する観点（たとえば、「色のちがい」など）を自分で決めて、絵グラフを作ってみましょう。

分類した観点

次のページにつづく

93ページ問題の〈答え〉
【打球の割合】内野（中央）20％／内野（左）13％／外野（ライト）9％／外野（センター）29％／外野（レフト）10％【打球がそこに飛んだときにヒットになる割合】内野（右）14％／内野（中央）21％／内野（左）11％／外野（ライト）33％／外野（レフト）100％

4章★おさらい！ 統計グラフのポイント

絵で表せるものは？〈2〉
絵グラフの長所と短所を知ろう

絵グラフの特徴とそのポイントについての続きです。

「前のページで同じボタンで分けた**絵グラフ**を作りましたね。ほかにどんな分け方がありますか？」

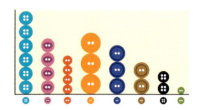

「似た色で分けた絵グラフを作りました」

「ボタンを●の記号に置き換えたんですね。このようなグラフは、どこかで見たことがありませんか？」

「**ドットプロット**だ！」

「みなさんが前に勉強したドットプロットは、**横軸に数字が並んでいる**ものでしたね」

> **ポイント❸**
> 絵グラフの絵を「●」の記号に置き換えるとドットプロットに変身する。

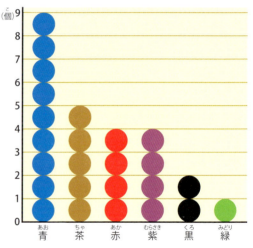

「ぼくは穴の数に注目して絵グラフを作ろうと思ったんだけど、数が多くてスペースが足りなくなって……」

穴の数が2つのものと4つのものを数えてみましょう。

穴が2つのボタン	穴が4つのボタン
17個	8個

「そういう場合には、1つの絵で複数の数量を表すことができます」

「マークが半分になっている」

「1つのボタンが2個分だから、半分ってことは1個分を意味しているんだね」

「そうです。表し方は工夫できます」

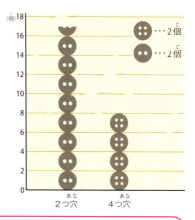

ポイント❹ データ数が多い場合や限られたスペースで絵グラフを作りたい場合には、1つの絵で複数の数量を表すことができる。

では、下のような絵グラフは、数量のちがいがわかりやすいでしょうか？

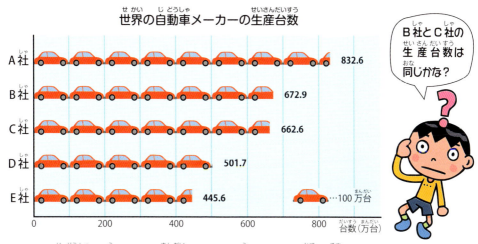

「1つの自動車の絵が100万台だから、絵だけだと数の細かいちがいはわかりにくい。B社とC社はほとんど等しく見えてしまうわ。だから、数字も添えているのね」

ポイント❺ 絵グラフは、複数の数量を1つの絵で表せる良さもあるが、数量を細かく比べたい時には適さない。

「**絵グラフの良さと限界**がわかりましたか？ 絵グラフは1年生で勉強しますが、ここで学んだ5つのポイントから見直してみるとよいですね」

4章 ★ おさらい！ 統計グラフのポイント

同じに見えてもちがう？
3つの棒グラフが表すものは？

棒グラフに表されているデータの種類について考えましょう。

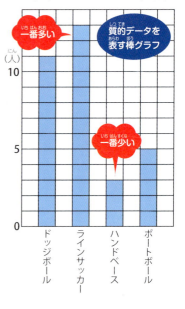

❶ 希望するスポーツ（1組）
一番多い／質的データを表す棒グラフ／一番少ない

「❶の**棒グラフ**を見てください。算数の教科書でよく目にするタイプの棒グラフです」

「ラインサッカーを希望する人が13人で一番多いね」

「ハンドベースはあまり人気がないみたい。3人しかいない」

では、❷の棒グラフはどうでしょうか。❶の棒グラフとのちがいがわかりますか？

「竹馬で歩けた歩数を表した棒グラフだね。2歩歩けた人が10人いるってことだね。5歩まで歩けた人は1人しかいなかったんだね」

「あっ、横軸がちがう！　さっきは名前だったけど、今度は数字になっている！」

「その通りです。じつは、**この2つの棒グラフは、扱っているデータの種類が異なっている**んです」

❷ 竹馬で歩けた歩数（1年生 28人）
量的データを表す棒グラフ／一番多い／一番少ない

「前に教えてもらったものだね。❶の棒グラフは、**種類のちがいや区別を表す質的データ**だね！　ドッジボールやラインサッカーなんかはスポーツの種類だもんね」

「❷の棒グラフの方は、**数量で記録されている量的データ**だ！」

「棒グラフには、質的データを扱ったものと量的データを扱ったタイプがあるんですね」

では、下の❸の棒グラフは、❶、❷の2つの棒グラフとどこが異なるかわかりますか？

❸ 竹馬で歩けた歩数（1年生28人）

個々の値を表す棒グラフ

OTさん 5歩

KYさんたち0歩だった人は棒がないわ

「棒がたくさんある。OTさんは、5歩歩けたという意味だね」

「❸の棒グラフは、❷の棒グラフと同じ量的データを表していますが、表し方が異なります。❸の棒グラフは、1年生28人1人1人の歩数を表しています。横軸は調べた児童1人1人で、縦軸は歩数です」

ポイント

❷の棒グラフは、歩数ごとに人数（度数）を集計した分布を表している。横軸は歩数（数値）で、縦軸は人数（度数）になっている。❸と❷の棒グラフのちがいは、集計前と集計後みたいな感じ。❶の棒グラフも、希望するスポーツごとに人数（度数）を集計した分布を表している。でも、こちらは質的データを表している。

[問題] いろいろなところで目にする棒グラフが、それぞれどれに当てはまるか考えてみましょう。

集計した度数の分布を表す棒グラフ ─→ 質的データを扱ったもの（❶の棒グラフ）
　　　　　　　　　　　　　　　　　　→ 量的データを扱ったもの（❷の棒グラフ）

個々の値そのものを表す棒グラフ ─────→ （❸の棒グラフ）

4章★おさらい！ 統計グラフのポイント

似ていても異なる？
棒グラフとヒストグラムのちがい

棒グラフとヒストグラムのちがいについて整理します。

「見た目は似ていますが❶の**棒グラフ**と❷の**ヒストグラム**のちがいがわかりますか？」

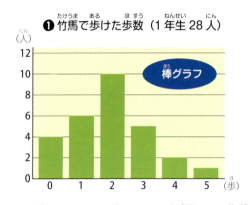

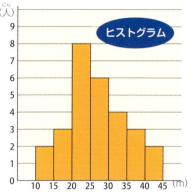

「❶は前のページで出てきた、**集計した度数の分布を表す棒グラフ**よね」

「棒と棒の間を空けるのが棒グラフで、ヒストグラムは長方形と長方形の間をくっつけている！」

間が空いているか詰まっているかがちがう！

「では、**なぜ棒グラフは棒どうしの間を空けて、ヒストグラムは長方形の間を詰めているのでしょうか？**」

「ん〜……」

「棒グラフとヒストグラムは、**扱っているデータのタイプが少し異なっている**ことが関係しています」

「でも、❶の棒グラフは、竹馬で歩けた**歩数**を表しているし、❷のヒストグラムは、ソフトボール投げで飛んだ**距離**を表しているから、どちらも**量的データ**だよ」

「その通りです。でも、その**量的データは2つに分けられる**んです」

1つは、123.5 や 171.35 のように小数点以下の値を含む、連続的な値をとるデータ（ここでは**連続型の量的データ**と呼ぶ）と、もう1つが、0、1、2 などの整数の値しかとらない、いわば、飛び飛びの値をとるデータ（ここでは**離散型の量的データ**）です。

「ソフトボール投げの記録は、30.5 m とか 24.2 m とか小数点以下の値も出る可能性があるから、**連続型の量的データ**ね」

「竹馬で歩けた歩数は、1歩、2歩、3歩のように整数の値しかないから、**離散型の量的データ**だね」

ポイント　**離散型の量的データ** ⇒ **棒グラフ**で表す
　　　　　　 連続型の量的データ ⇒ **ヒストグラム**で表す

棒グラフは、値が連続していないから、区別する意味で、棒と棒の間隔を離す。**ヒストグラム**は、値が連続しているので長方形と長方形の間をくっつける。

「前のページに出てきた、右のような**質的データ**を扱った棒グラフはどうなのかしら……？」

「これは数値ではないですが、各項目を区別する意味で、棒と棒の間を空けているんですね。区別している意味では、❶の量的データを扱った棒グラフと似ていますね。ただし、テストの点数のように、**離散型の量的データ**であっても、さまざまな値をとる場合は、**連続型の量的データ**のようにみなして、ヒストグラムで表すことが多いです」

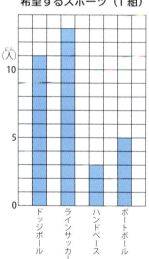

希望するスポーツ（1組）

棒グラフとヒストグラムが扱うデータの種類

質的データ　　離散型の量的データ　　量的データ　　連続型の量的データ
　　　　　　　（整数の値しかとらない）　　　　　　（小数点以下の値を含む）

棒グラフ
質的データや離散型の量的データを扱う
区別のために棒の間隔を空ける

ヒストグラム
基本的に連続型の量的データを扱う
連続するので長方形の間隔を詰める

4章★おさらい！ 統計グラフのポイント

どこにどれだけ集中してる？
ヒストグラムの柱は面積

棒グラフの棒とは異なる、ヒストグラムの柱の意味について考えます。

👧「下は、ある中学校1年生の1か月のおこづかいの額を調査したものです」

1か月のおこづかい額の度数分布表

お小遣い（円）	度数（人）
0円以上～2000円未満	5
2000円以上～4000円未満	15
4000円以上～6000円未満	25
6000円以上～8000円未満	7
8000円以上～10000円未満	5
10000円以上～20000円未満	10

毎月5000円もらえたら貯金しよっと

👧「これを見て気づいたことはありますか？」

👦「10000円未満までは2000円ごとになっているけど、10000円以上～20000円の間隔は10000になってる」

👧「そうなんです。この度数分布表からどんなヒストグラムができますか？」

👧「右の図でいい？」

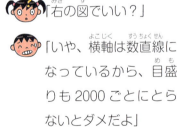

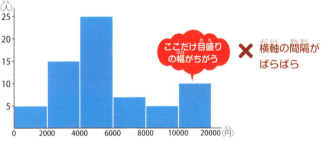

ここだけ目盛りの幅がちがう ✗ 横軸の間隔がばらばら

👦「いや、横軸は数直線になっているから、目盛りも2000ごとにとらないとダメだよ」

それぞれ10人ずついると表されている

✗ 横軸の間隔が一定なのは良いが、度数の調整をしていない

「左ページ下の図だと10000円〜12000円も、12000円〜14000円も、10人ずついるみたいに見える。実際は、10000円〜20000円の間に、10人よね」

ポイント　ヒストグラムは、「柱」の面積で度数を表す。各階級の度数を表す長方形の幅に意味を持つので「棒」ではなく「柱」と呼ぶ。

棒グラフは、長さで量を表すので、棒の幅は小さくても大きくても関係ありません。ヒストグラムも、基本的には各階級の幅を等しい間隔にしている時は、柱の幅を気にすることはないのですが、この例のように、階級の幅が異なる場合は、注意が必要です。こうしたヒストグラムは、各世帯の収入の調査など、横軸の階級がたくさんある場合に、よく見られます。

「では、次の図のように考えてみましょう」

10人分の柱を10000〜20000の5段階に振り分けるので、1つの柱の度数は10÷5＝2で、2となる

横軸の間隔も一定で、度数調整もしている

「上のヒストグラムでは、厳密にいうと、10000円〜12000円の間に、2人いるとは限りません。あくまで、10000円〜20000円の間に10人いるという意味です。ヒストグラムの高さは、度数（人数や個数など）ではなく度数密度（度数がどれだけ集中しているか）を表します」

ミニ知識

ヒストグラムは、2015年に"生誕120年"を迎えました。ヒストグラムという用語は、1895年にイギリスの統計学者カール・ピアソン（1857〜1936年）が初めて使いました。ヒストグラム（histogram）は、ギリシャ語の「船のマスト」を意味するヒストス（histos）という言葉と、「描く」を意味するグラマ（gramma）という言葉を合わせたものです。ヒストグラムは、いわば「マストを描いたもの」が語源です。

4章★おさらい！ 統計グラフのポイント

集中している項目はどれ？
組み合わされたパレート図

棒グラフの発展編として、パレート図を紹介します。

「まずは、下の棒グラフを見てください。これは、ある小学校で、1年間にケガで保健室を利用した人を種類別に表したものです」

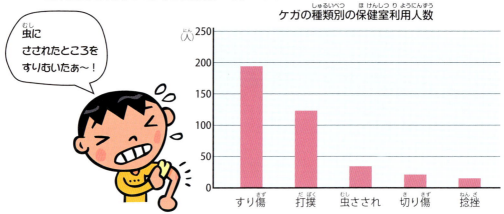

「虫にさされたところをすりむいたぁ〜！」

「ケガの種類ごとの集計だから、**質的データの起こりやすさを扱った棒グラフ**ね」

「すり傷で保健室に来ている人が一番多いことがわかるよ」

「棒グラフは、それぞれの項目の数量を比較できる良さがありました。では、**保健室の利用者を減らすにはどうすればよいでしょうか？** まず、どのケガの種類に着目すればいいのか、そして、そのケガが起こる原因を探る必要があります。そんな時に、一役買うのが**パレート図**です。パレート図は、**度数の大きい順に並べた棒グラフと累積相対度数の折れ線グラフを組み合わせたグラフ**のことです」

累積相対度数とは、相対度数（データ全体の個数に対する各項目の度数の割合）を順にたし合わせたものです。左の縦軸に度数、右の縦軸に累積相対度数を記します。

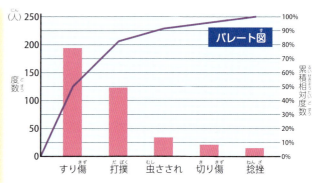

ケガの種類別人数の累積相対度数

ケガの種類	人数(度数)	相対度数	累積相対度数
すり傷	194	50%	50%
打撲	123	32%	82%
虫さされ	34	9%	91%
切り傷	21	5%	96%
捻挫	15	4%	100%

> すり傷の相対度数に打撲の相対度数を加えて82%

「**打撲の累積相対度数**は、すり傷の割合（50％）＋打撲の割合（32％）で82％！」

「**虫さされの累積相対度数**は、さらに虫さされの割合（9％）をたして91％！」

「**ほとんどの人が、すり傷と打撲で保健室を利用している**ってことだね。この2つのケガが起こる原因を調べると、保健室の利用者が大幅に減るかも」

ポイント❶ パレート図を使うと、**データが集中しているのはどの項目なのかがわかります**。累積相対度数を使うので、「**何％以上に注目する**」というように、注目したい項目の優先順位をつけることもできます。企業の品質管理などでもパレート図はよく利用されています。

ポイント❷ 下のように**各項目の割合が均等**になっている場合、パレート図だと、どの項目に注目すればよいのか特定しづらいので、男女別や場所別や時間別などいろいろな観点に着目してさらに分析していく必要があります。

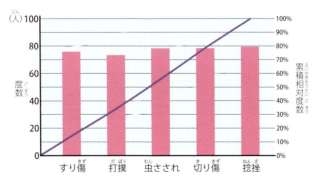

小学校で勉強する、**質的データの起こりやすさ**の棒グラフに少しアレンジすると、**分布の傾向**まで読み取れるんですね。

4章★おさらい！統計グラフのポイント

大げさになってない？

その折れ線グラフは正しいか？

今度は、折れ線グラフのポイントを整理し直してみましょう。

折れ線グラフとは？ 線で結んで**数量の変化**を表すグラフ。横軸に**時間の変化**を表すことが多く、時間とともに数量がどのように変化するかを表す時系列のグラフになる。

「下の折れ線グラフは、ある場所での4月10日の気温を1時間ごとに調べたものです。このグラフを見て気づくことは？」

「12時（正午）〜午後1時の気温の上がり方が一番大きいね。傾きが最も急だよ」

「午後4〜5時は、気温が変化していないことがわかるわね。折れ線が水平だし」

「折れ線の傾きを見ることで変化の大きさがわかるんです。でも、次のグラフは、前のグラフと同じデータを示していますが、どこがちがうかわかりますか？」

「あれ!? 12時(正午)〜午後1時の傾き方よりも急なところができてる。それに、午後3時がぬけてる」

「そうです。**折れ線グラフは、横軸の目盛りの間隔を一定にすることが大切**（今回の場合は1時間ごと）。**そうしないと傾き方が変わり、傾き方で変化の大きさを比較できなくなってしまいます**」

> **ポイント❶** 折れ線の傾き方で、変化の大きさを比べるために、**折れ線グラフの横軸の目盛りの間隔を一定にする。**

> では、次の折れ線グラフは、どこが変わったかわかるでしょうか？

「縦軸が15度から始まってる。それに1番目のグラフより、**気温の変化が大きいみたい**」

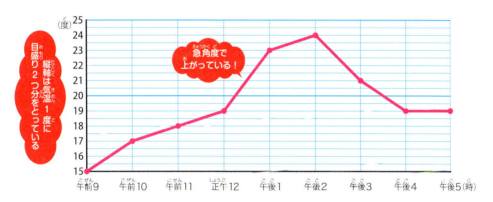

「**折れ線グラフは縦軸の目盛りを省略して、変化のようすを強調することができます。**しかし、**時には、変化のようすをわざと大げさに見せてしまうことがあるので、読み取る時には、注意が必要**です」

> **ポイント❷** 折れ線グラフの**縦軸を省略**すると、変化のようすを細かく読み取れる一方で、誇張されてしまうので、読み取る時に注意する。

「3番目のグラフを見ると、12時(正午)〜午後1時の真ん中の午後12時30分は、21度を表しているように読み取れます。でも、このデータは1時間ごとの気温しか測定しないので、午後12時30分が本当に21度とは限りません」

> **ポイント❸** 折れ線グラフの**点と点の間の線上の値**は、現実のデータが、その値になっているとは限らない。

4章 ★ おさらい！ 統計グラフのポイント

割合にするとわかりやすい？
円グラフ、比べる時の注意点

次は、円グラフの特徴と注意点を見てみましょう。

> **円グラフとは？** 全体に対する割合を視覚的に表現するグラフ。全体を100として、中心角の大きさで各カテゴリーの割合を表す。

「**円グラフ**は、どんな場合に役立つのでしょうか？ 下の棒グラフを見てみましょう。この棒グラフは、2013年7月〜2014年6月の携帯電話の売上高ランキングです」

「**棒**グラフは、売上高ランキングがすぐわかるね」

> では、トップのA社は、携帯電話の市場では、どのぐらい売り上げを占めているのでしょうか？

「うーん、半分より少し少ないぐらいかしら」

「各会社の売上高を割合にして、**円グラフ**にしてみましょう」

「A社は、B社やC社よりも占める割合が少し多いけど、この3社は接戦だね」

「**円**グラフにして**割合で比較**したからこそ気づいたことですね」

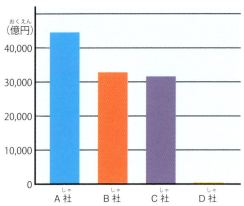

携帯電話の売上高（2013年7月〜2014年6月）

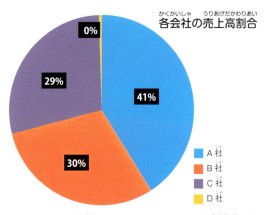

各会社の売上高割合

※D社は「0%」の表示になっているが、「0.5%」の小数点第1位を切り捨てたため。

> **ポイント❶** 量を比較しやすい棒グラフに対して、円グラフは割合が比較しやすくなる。

「次に、2009年7月〜2010年6月の携帯電話の売上高を表した円グラフを見てみましょう」

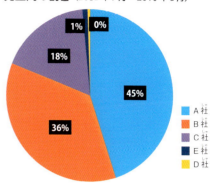

売上高の割合 (2009年7月〜2010年6月)

「A社は、5年前の売上高の占める割合が45%で、2013年〜2014年は、割合が41%に減っているから、売上高が減っているんだね」

では、売上高のデータを表で見てみましょう。

※D社は「0%」の表示になっているが、「0.4%」の小数点第1位を切り捨てたため。

「A社の売上高は、増えている」

「それぞれの総売上高が異なっているから、割合で単純に比較できないんだね」

2009〜2010年の売上高

A社	4兆2844億円
B社	3兆4421億円
C社	1兆7238億円
E社	830億円
D社	459億円
総売上高	9兆5792億円

「円グラフどうしで比較する時は、常に全体の量を意識しましょう。そして、実際の値を求めることが大切です」

2013〜2014年の売上高

A社	4兆4612億円
B社	3兆2886億円
C社	3兆1655億円
D社	557億円
総売上高	10兆9712億円

早とちりしちゃわないよう気をつけよう！

> **ポイント❷** 円グラフどうしを比較する時は、割合の値や円グラフでの見た目の面積で判断せず、全体の量を確認して、実際の値を求めて判断する必要がある。

4章★おさらい！ 統計グラフのポイント

比べる時は縦に並べる？
複数の割合を比べやすい帯グラフ

円グラフと同じく割合を表すグラフに帯グラフがあります。今度は、帯グラフについて見直しましょう。

> **帯グラフとは？** 円グラフと同様に、**全体に対する割合を視覚的に表現する**グラフ。全体を100として、**区切られた長方形の面積**で**各カテゴリーの割合**を表す。

「**帯グラフは、どんな場合に役に立つのでしょうか？** 右は、1995～2010年の農業にたずさわる人の人数を年齢層別の割合に分けて表したものです」

「1995～2010年にいくにつれて、60歳以上の割合がどんどん増えているのね」

「逆に、29歳以下や30～59歳の割合が減っているね。農業にたずさわる人の高齢化が読み取れるね」

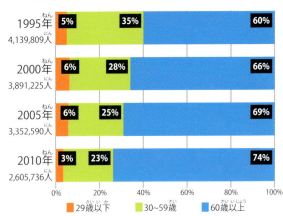

農業にたずさわる人の年齢層の割合（帯グラフ）

年	29歳以下	30～59歳	60歳以上
1995年 4,139,809人	5%	35%	60%
2000年 3,891,225人	6%	28%	66%
2005年 3,352,590人	6%	25%	69%
2010年 2,605,736人	3%	23%	74%

出典：農林水産省HP「農林業センサス」より作成（以下同じ）

「**帯グラフを縦に並べることで、このように割合の比較ができるようになる**んですね。円グラフも割合を表したグラフですが、割合を比較したくても、せいぜい2つの円グラフが限界ですね。3つ以上の円グラフを比較すると、見づらそうですね」

> **ポイント❶** **複数の帯グラフ**を**縦に並べる**ことで、**複数の**カテゴリーどうしの**割合を比較**しやすくなる。

「では、円グラフと同じく、**割合どうしを比較するときに気をつけること**は？」

「**全体の量を確認して、実際の値を求めて判断する必要がある**だよね!」

「その通りです! 左ページの帯グラフの割合を見て、2010年の60歳以上の人数の方が、2005年の60歳以上の人数よりも多いと思いはせんでしたか? 69%から74%に増えているので」

「でも、2010年の農業にたずさわる全体の人数は、2005年の全体の人数よりも減っているもんね」

「そうなんです。実際のデータでは、2005年の60歳以上の人数は、231万5928人で、2010年の60歳以上の人数は、192万4058人で、人数としては、2010年の方が減っていますね」

ちなみに、左ページの帯グラフを割合でなく実際の数字で表すと、右のような層別の積み上げ棒グラフになります。

年齢層別の人数を積み上げ棒グラフにすると…

「全体の人数が年々減っているのがすぐわかる」

「各年齢層どうしを比較するのは、目盛りを読み取らないといけないから、少し大変ね」

「そういう時は、3番目のグラフのように3つの年齢層どうしを並列した**棒グラフ**にしてみるといいですよ」

並べるとわかりやすい

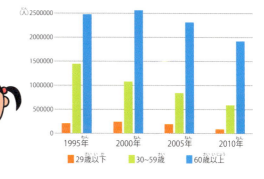
年齢層ごとの人数を棒グラフにすると…

ポイント❷ 割合を比較するだけでなく、量も比較したい時は、層別の棒グラフに変えてみる。

4章★おさらい！ 統計グラフのポイント

どっちがいいといえる？〈1〉

統計グラフで主張を伝えるには

考えたことをうまく伝えるには技術が必要ですね。どこに注目して、どんなグラフにしたら効果的に伝えられるのかを見ていきます。

「まず次の問題について考えてみてください」

> 右下の棒グラフは、A班とB班の理科のテスト結果をまとめたものです。A班の平均点は62.0点、B班は64.5点です。ちなみにこのテストでは50点以上だと合格です。平均点が良いB班の方が、テストのできが良かったのでしょうか。「**A班の方が良かった**」と主張することはできますか？

「平均点が良いB班の方かしら」

「でも80点以上取っている人がA班には2人いるけど、B班には1人だけ。A班にもがんばった人はいるみたい」

「確かに。A班の平均点が低いのは、0〜9点の人が1人いるからのようね」

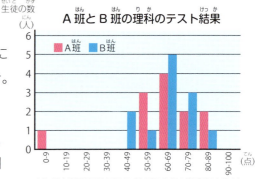

出典：国立教育政策研究所HP「OECD生徒の学習到達度調査」の「PISA調査問題例」（2003年の調査問題）

「50点以上の合格者に注目すると、A班は12人中11人合格なのに、B班は12人中10人だよ。**合格者はA班の方が多いから、A班の方ができが良かった**っていうこともできるよね」

「いいところに気がつきましたね。そうやっていろいろな方向から分析してみるのは**大事なこと**です。合格者の人数で見るとA班の方が良かったといえそうです。では、それを**帯グラフ**にしてみるとどうですか」

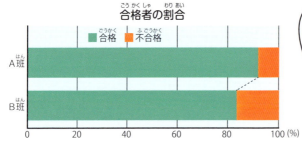

A班の合格者が多いことがわかりやすくなった！

「初めのグラフよりもはっきりわかるね」

> **ポイント** データを分析し、主張を効果的に表すには**どんな種類のグラフが適しているか**を考える。

「見せ方を考えるってことね」

「では、次の問題です」

> 下のヒストグラムは、ある電器メーカー2社の販売している単3電池100個ずつの電池寿命のデータをまとめたものです。平均値はA社は448.1時間、B社は447.9時間です。B社の電池には、400時間にも満たない「はずれ」の電池もありますが、500時間近く使える「あたり」の電池もあり、ばらつきが大きくなっています。では、「**B社の電池の方がA社の電池よりも良い**」と主張するのには、どうしたらいいでしょうか。

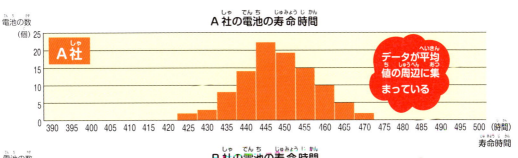

※それぞれの階級は5時間幅で、たとえば450の階級には447.5〜452.5のデータが入っている。

「う〜ん。A社の電池の方がばらつきが少なくて良さそうに思えるわ」

「でも、B社の電池だって長い時間のものがあるから、さっきみたいに**うまい切り口を見つければ主張できる**んじゃないかな」

「方法は1つだけではないので、いろいろ考えてみてください」

次のページにつづく

115

4章★おさらい！ 統計グラフのポイント

どっちがいいといえる？〈2〉

統計グラフの活用は切り口次第

効果的なグラフの使い方について、続けて考えます。

「問題を確認しておきましょう」

ある電器メーカー2社が販売する単3電池100個ずつの電池寿命のデータが右のヒストグラムのようにまとめられています。平均値はA社は448.1時間、B社は447.9時間です。「**寿命時間にばらつきの大きいB社の電池がA社よりも良いと主張できるか**」というのが問題でした。

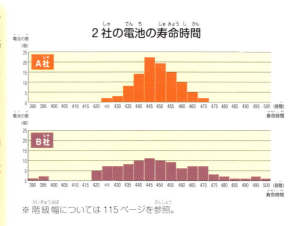

2社の電池の寿命時間

※ 階級幅については115ページを参照。

「そうだった。前のページでは上手な視点でデータを見れば、説得力のある主張もできるって話だったぞ」

「B社の電池の良いところは480時間や500時間も使える電池があるってところね。そこを強調してアピールするのがポイントよね」

「こういうのはどうだろう。**460時間以上の電池がいくつあるのかでまとめてみた**よ。しかも『長寿命電池』って名前も使ってみた」

長寿命電池（460時間以上）の数

B社の良いところをクローズアップしてみたよ

「長寿命電池はB社の方がA社より倍以上あると伝わってくるわね」

「なかなかいいアイデアですね。よく工夫できていると思いますよ」

「私はデータ全体の区分を変えて整理し直してみたわ。B社は短い時間の電池も多いけど、たとえば『450時間未満』という区切りで数えると、A社の方が多くなるの。これを利用すればアピールしやすいなと思ってこんなふうに作ってみました」

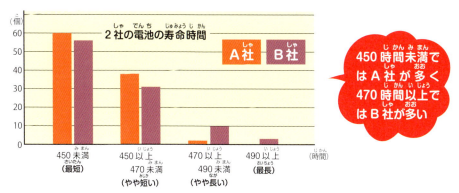

450時間未満ではA社が多く 470時間以上ではB社が多い

「寿命時間が短い方の電池はどちらもA社の方が多くて、長い方はB社の方が多くなっているね」

「これもよく工夫できていますね。特に一部分だけでなく、全部のデータを使いながらうまくB社が良いという主張をしているところに感心しました」

ポイント データを整理し直して切り口を変え、複合グラフなどを利用して工夫してみる。

「その通りです。工夫することで見せ方を変えられるのです」

統計グラフはニュースや新聞、雑誌をはじめいろいろなところで使われていて、なかには反則みたいな方法を使っている事例もあります（118～121ページで紹介）。でもここで2人が作ったグラフは、切り口を工夫しただけです。実際にはばらつきの多いB社の電池の方が性能的には劣りますが、工夫次第でそれも隠せてしまいます。このように統計グラフを活用できるとなると、やはり良いところだけを見せられてうのみにするのは危ないですね。

「本当だ。でも自分がデータを使って何か主張する時には、こうやって工夫するのも大事だってよくわかった！ レポートを発表する時に使ってみよう」

4章★おさらい！ 統計グラフのポイント

都合の悪いデータが外れてない？

統計グラフにだまされるな

> ここでは統計グラフの危険性も考えていきます。

「グラフって危ないの？」

「見る人に誤った印象を与える、いわばウソをつくグラフがあります」

> 下のグラフを見て「1999年は1998年に比べて盗難事件数が激増している」といわれたら賛成できますか？

「棒の高さを比べると、1999年は1998年より倍くらい高いから、盗難事件はすごい増えているのかも」

「待って。縦軸の数値が変よ。505、510と、いきなり大きな数値が並んでいるわ」

「本当だ。よく見ると、1998年は508件ほどで、1999年も515件くらいだ。少し増えただけだったんだ」

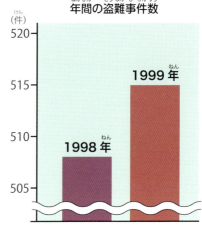

出典：PISA「2003年調査問題」(以下同じ)

「その通りです。**データの数値が大きい時**などは、**数値を省略**して作ることはあります。でもそれをこんなふうに使うと、読む人の印象を実際とはちがう方向に誘導することもできてしまいますね」

「だまされるところだった」

> **ポイント** 軸の数値の省略があるグラフは注意が必要。

「そうです。その"だまされる"ところがグラフの危険性なんです。では次の問題を見てみましょう」

こんな表し方はズルイ！

下の左側のグラフは、ある街の犯罪件数をまとめたものです。最初は5年間隔、終わりの方は1年間隔でまとめています。これに対して、右側のグラフは、警報装置を作っているA社が同じデータを使って作ったグラフです。

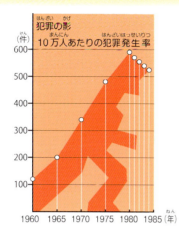
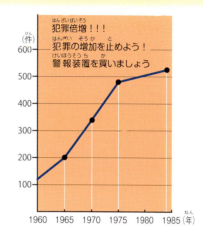

「データの数値も大体同じような感じだけれど、左は最後の方で下がってるのに、右では上がってるよ？」

「同じデータを使っているはずなのに、警報装置会社A社はどうやってこんなグラフを作ったのでしょうか？」

「犯罪が増えてるっていった方が、警報装置が売れて都合がいいのでは？」

「きっとそうだ。でもどうやったんだろう」

「1975年まではほぼ同じところに点があるけど、1980年には見当たらないわ」

「わかった。1980〜1983年の4年分の数値をとばして、1975年の次を1985年にしているんだ」

「よく気づきましたね。その通りです」

都合の悪いデータを外して、宣伝効果を上げているんですね。数値を勝手に変えると「改ざん」といって犯罪になることもありますが、一部使わないだけなら目立たないことを利用しています。

「統計やグラフって、こわいところもあるんだな。油断してるとだまされそう」

「統計にだまされないために、統計やグラフをよく知ることが大切です」

4章★おさらい！ 統計グラフのポイント

加工によってちがって見える？
誤った印象を与える統計グラフ

続けて見る人の錯覚を利用した危ないグラフについて見ていきます。

「右のグラフを見てなにか気づきませんか？」

これは、あるニュース番組で出された円グラフです。ここには、年代別に懲戒処分を受けた人の数がまとめられています。懲戒処分とは、自分が働いている企業や社会のルールを破って、減給や解雇などの処分を受けることです。このニュースでは、若い年代にそうした処分を受ける人が多くなっているから、警察も対策を立てるべきだと報じられました。

年代別の懲戒処分者数

「確かに10～20代は大きくなっているみたいだ」

「でも、中心の位置がおかしいみたい」

「本当だ。数字も注意して見ると、**10～20代は97人で一番多いけど、50代も94人でたいして変わらない。それなのに50代よりもずっと大きく見えるよ**」

「その通りです。実際には必ずしも10～20代の処分者数は際立って大きいわけではないのです。**この数値に合わせて普通に円グラフを作ると右のようになります。**これだと、「若い年代の処分者数が多い」という内容があまり説得力がないですよね。そのためにこんな作為的な加工をしたのだと思います」

「本当にこんなふうにグラフが使われることがあるのね。びっくり」

年代別の懲戒処分者数

「次のケースです。下のグラフは、別のニュース番組が調査した内閣支持率です。総理大臣が変わった時の内閣支持率をまとめてあります。報道の内容は、新しい総理大臣の内閣支持率は、前の総理大臣の時よりも下がり方がゆるく、支持を集めているというものです」

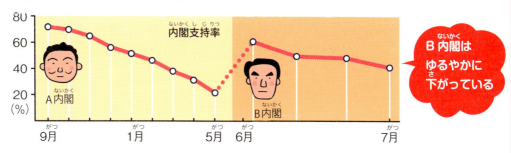

「6月に総理大臣が変わっているのね。左半分より右半分の方が確かに、落ち方がゆるやかだけど……」

「横軸の月の間隔がおかしくない？ 一番右端の7月と6月があんなに離れているのはおかしいよ」

「そうです。横軸の月をきちんと並べてみると、下のようになります。前の内閣と同じかそれ以上に急落しているようにも見えてきますね」

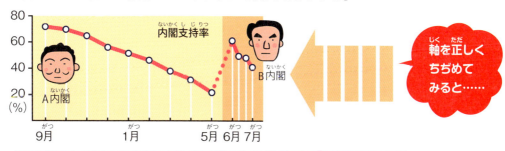

ポイント 同じデータを使っていても、少し加工するだけでまったくちがう内容を表す場合もあるので、注意が必要。

「そんなことしたら、いくらでもだませるんじゃないか」

「こんな報道をする方も問題ですが、大事なのは、私たち1人1人がきちんと判断して正確に内容を受け止めるように心がけることです。統計をきちんと勉強しておけば、だまされる危険性も減りますよ」

「だまされないように、がんばって統計を勉強しよう」

5章★統計グラフを使ってなにが見える？

社会科見学！ その現場では？〈1〉
スーパーマーケットの商品管理に統計を

統計は、社会でどのように役立てられているでしょうか？ スーパーマーケットで使われている商品管理のしくみを見てみましょう。

「スーパーマーケットで、商品についたバーコードを見たことがありますか？」

「機械でピッと読み取ると、値段がわかるのよね」

「その通り。でも値段はバーコードではなく管理用のコンピューターに登録されています」

バーコードにはどの商品かが記録されていて「ピッ」と読み取るとコンピューターのデータと照らし合わせ、金額が計算されるしくみです。
管理用のコンピューターには、**それぞれのレジの売り上げ金額や個数が全て記録**され、毎日や毎月の売り上げとしてまとめられます。

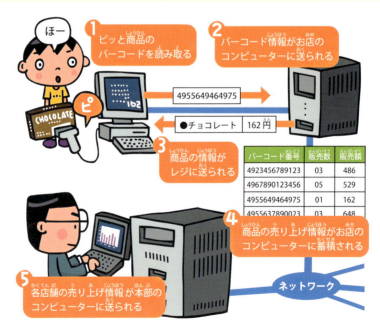

1. ピッと商品のバーコードを読み取る
2. バーコード情報がお店のコンピューターに送られる
3. 商品の情報がレジに送られる
4. 商品の売り上げ情報がお店のコンピューターに蓄積される
5. 各店舗の売り上げ情報が本部のコンピューターに送られる

バーコード番号	販売数	販売額
4923456789123	03	486
4967890123456	05	529
4955649464975	01	162
4955637890023	03	648

「売れた個数がわかると、品切れになりそうな商品を確認して追加注文することもできます」

「だから、お店にはいつもたくさんの商品がそろっているんだ」

「天気予報で暑くなることがわかると『アイスクリームがいつもより多く売れるだろう』と予測を立てることもできます」

「担当の人の好みによって、注文するものが増えたり減ったりしないの？」

「そんなことがないように、統計データが使われています」

> 管理用のコンピューターには、過去数年分の売り上げデータが保存され、時期や行事、場所によってどんなものが売れたかわかるようになっています。
> お店の人は、売りたいものや新商品の情報も見ながら、どんな品ぞろえにするかを考えています。

「過去の情報も大事なんだね」

「ぼくがいつごろ、なにを買って食べているかのデータも集まっているんだね」

「いやそれ全国データだから……」

> 全国のスーパーマーケットが加盟する団体も、全店舗の売り上げ情報を集計して天候や自然災害、経済状況との関係を分析しています。
> **スーパーマーケットに並ぶ商品はたくさんの統計データを使って研究されている**

※参考資料：食品スーパー3団体合同集計「スーパーマーケット販売統計調査」(2016年4月)

5章★統計グラフを使ってなにが見える？

社会科見学！ その現場では？〈2〉
テレビ番組の視聴率を統計で

社会科見学、次はテレビ番組の視聴率の現場です。

「視聴率は、どれぐらいの人がテレビ番組を見たかを推定して示した割合です」

「関東地区の世帯視聴率10％」という場合、関東地区にいる約1840万世帯のうち、10％にあたる約184万世帯が見たと推定できます。

「私がどの番組を見ていたか、自動的にわかるの？」

「いいえ、専門の調査会社が、関東地区なら調査対象の900世帯に、テレビの視聴を記録する機械を貸し出して調査します」

「1840万世帯の結果を知るのに、たった900世帯だけを調べているの？」

そうです。一部のデータから全体の傾向を知るという、統計学の方法を使っています。わずかな差は出ますが、おおよその傾向は知ることできます。

「これは、スープを作るときに似ています。スープをよく混ぜてから味見すれば、一口でも全体の味がわかりますよね？」

「確かに！よく混ぜればどこでも味は同じね。」

「調査では、スープをしっかりと混ぜる代わりに、調査対象を選ぶ時に偏りが出ないよう工夫しています」

国勢調査（126ページで紹介）のデータを基に、調査地区の世帯に番号をふり「20000番おきに選ぶ」などと等間隔で選んでいます。

なるほど！これなら無作為に選べるね

国勢調査のデータは、いろんなところで役に立っているのね

「ぼくの家も調査されることがあるのかな？」

「宝くじより選ばれる確率が低いといわれていますよ。もし選ばれても、秘密にしてくださいね」

正確な調査をするためには、いつも通りに番組を見ることが大切です。もし、視聴率を上げたい人たちが調査の対象世帯だけに見ることをお願いしたら、実際の傾向と変わってしまいますからね。

「それにしても、なんのために調査しているの？」

「視聴率は、CM（テレビコマーシャル）にかかわる人たちの参考資料として使われています。宣伝の効果があったかを知るために、24時間365日全てのデータをとり、世代や地域などで、どんな番組が見られるかを調べる必要があるのです」

視聴率の調査には統計学の方法が使われている

視聴率は人気番組を知るための調査でなく、より良い番組を作るための参考に使われています。視聴率の移り変わりを見ると、その時代に社会で関心を集めた番組、地域による関心の差などを知ることもできます。

5章★統計グラフを使ってなにが見える？

国勢調査からピラミッド？
統計グラフで見る日本と世界の人口

5年おきに行われる「国勢調査」を知っていますか？ その調査結果から作られる、人口ピラミッドとよばれるグラフについて見ていきます。

「前の国勢調査のとき、調査員の人が家に訪ねてきたかどうか覚えていますか？」

「来ました！ ちゃんと国勢調査員証を、見せてくれたよ」

こんにちは 国勢調査員です

一軒一軒、国勢調査員が全ての家庭を訪ねるこの調査のおかげで、日本に今、何人の人がどこに住んでいるか、年齢や職業など大切なことがわかります。

「**国勢調査**はどんなことに役立てられているか、わかりますか？」

「学校で先生に聞きました。地域に小学生が何人いるかわからなかったら、小学校の数が足りているのかわからない。行政がきちんとできなくなるって」

「そうですね。まずは、数を知ることが大切ですね。**国勢調査の結果からできるグラフに、人口ピラミッドがあります**」

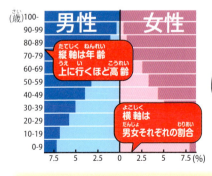

縦軸は年齢
上に行くほど高齢

横軸は
男女それぞれの割合

エジプトのピラミッドとはちがうんだ。でも形が似てる…

1950年の日本の人口は約8300万人、年齢別に割合を男女で背中合わせに示しています。

「子どもの方が多くて老人になればなるほど、減ってます」

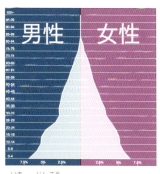
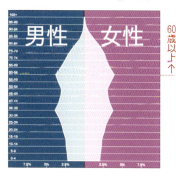

「今の人口ピラミッドは？」

2010年、日本人口は約1億2800万人ですが、子どもの割合が少なく老人の割合が多くなっています。

「日本が高齢化や少子化に対する政策が必要になっているのは、この2つの**グラフの形からも明らか**ですね」

「日本以外の国ではどうなってるのかしら？」

「アメリカと中央アフリカ共和国の人口ピラミッドを見てみましょう」

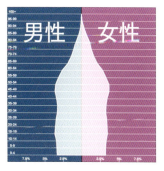
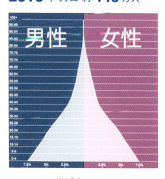

「国によって、全然ちがう……。だから政策もちがってくるんだね」

日本も世界の国々も、「国勢調査」で住民の状況を調べ、行政サービスに役立てている

★「世界の人口ピラミッド」のホームページでは、いろいろな国の昔と今、そして将来の人口ピラミッドを見ることができます。調べてみよう。https://populationpyramid.net/ja/

5章★統計グラフを使ってなにが見える？

昔の小学生もチャレンジ？
社会の問題解決に使われてきた統計

今から60年以上も前の時代にも、小学生たちは統計を使って身近な問題を解決する取り組みをしていました。3つのグラフを紹介します。

「下の写真は、昭和20年代の新潟県の小学校の様子です。当時は『**統計図表**』と呼ばれていた、**統計グラフ**のポスターを作っているところです」

昔の小学生も統計グラフを作ってたんだ

「いったい、当時はどんなことをテーマにしていたのかな？」

「では、紹介していきましょう。❶は5年生の男子3人の作品で、クラスの人が持っている学用品（文房具）のそれぞれが、どの店で買われたかを調べています」

❶は、他にも、**その店で買った理由**（近いからなのか、安いからなのかなど）も聞いてまとめています。**調査日**（昭和28年6月10日）をちゃんと書いているところがいいですね。統計は、**いつの値かがとても重要な情報**です。

「**棒グラフ**もちゃんと**多い順に並べ替え**られているね。すごい！」

「**円グラフに割合の数字もパーセントで書いてある**。5年生で割合を習っていたんだ」

「この調査の後、クラスのみんなは、人が集まるお店の品ぞろえなどにも興味が出てきて、地域のお店のいろいろなことを調べたそうですよ」

❶クラスの文具の購入店を調べたグラフ

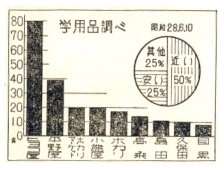

新潟県長岡市立表町小学校5年生男子3人の作品

128

「次の❷は、6年生女子の作品。理科の伝染病の勉強で保健所を訪れた時に、赤痢の患者が増えてきたと聞いて、『なぜ赤痢は夏に多く発生するのだろうか』という疑問から、長岡市の赤痢にかかった人数と気温の関係を調べています」

「2つの軸の目盛りの間隔を調整して、うまく2つの単位の違う折れ線のパターンがそろうようにしているわ」

さすが6年生！いいグラフになってる！

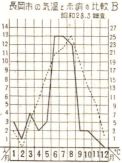

❷気温と赤痢にかかった人数を調べたグラフ

新潟県長岡市立表町小学校6年生女子の作品

「赤痢になった人の人数の変化と気温の変化が、ほぼ同じということがよくわかる！」

「このグラフを作った6年生女子は、❷以外にも次のようなさまざまな調査をしています」

他に、赤痢菌の増える温度、赤痢菌を媒介するハエの繁殖、戦後の上下水道の復旧、井戸水の水質、川の水質の状況との関係もデータで調べ、対策としてハエ取り、川の支流の清掃、予防接種を徹底することを提案したそうです。

「統計グラフから、社会の問題解決の提案に結びつけたのね。とってもすごい!!」

「では最後です。❸は2年生の作品。2年生の虫歯調べです。歯の形をした絵グラフで、虫歯の本数の分布を、男子と女子の背中合わせのグラフで表しています」

❸虫歯の本数を男女別に調べたグラフ

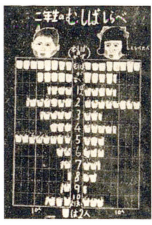

新潟県新潟市立豊照小学校2年2組の作品

「1つの歯の形が2人分を表しているから、1人分は歯の半分の形に対応させています。数のセンスもバッチリ！」

「5本以上虫歯があるのは、男子の方が多い……」

「身近な問題だから、もっと調べたくなるのね」

自分たちの身近な問題を調べて統計グラフにまとめることで、問題の重要度も理解できてくる！

資料の出典：新潟県統計課「県の黎明」、新潟県統計協会「60年のあゆみ」

5章★統計グラフを使ってなにが見える？

統計グラフ全国コンクール 受賞作品紹介！

問題を解決するには？〈1〉

今、注目したい統計的探求活動

統計グラフ全国コンクールを知っていますか？ 今の小学生がどんなふうに統計グラフを活用しているか、2つの受賞作品から見ていきましょう。

「統計グラフのコンクールがあるんですね」

「鳥取県を除く各県で、毎年6月から9月上旬にかけて募集しています」

小学生から大人まで応募でき、毎年、全国から2万5000点以上の作品が集まっています。各県でも優秀な作品が表彰されていますが、全国審査もあり、とくに優秀な作品に、文部科学大臣賞や総務大臣賞が贈られています。

「下の作品は、2015年の文部科学大臣奨励賞（2015年まで文部科学大臣奨励賞でしたが、2016年から文部科学大臣賞に名前が変わりました）は、神奈川県の小学2年生の作品『せかいのこっき　あつまれ!!』です」

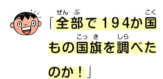「全部で194か国もの国旗を調べたのか！」

「なんとなく見ていた国旗も、集めると特徴が出てきていますね」

使われている色や模様に注目して数え上げている

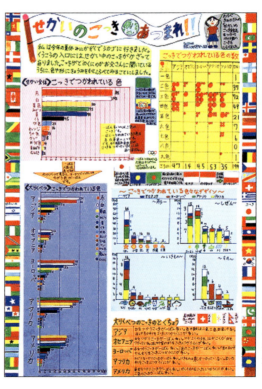

アジアとかヨーロッパとか、大陸別に比べて特徴をまとめているところがいいね

第63回統計グラフ全国コンクール
第1部（小学校1年生及び2年生の児童）特選
神奈川県慶應義塾大学初等部・
浜田夏光さん
「せかいのこっき　あつまれ!!」

「次の作品は、2016年の文部科学大臣賞を受賞した新潟県の小学4年生の作った『お話の中の動物たち』です」

「イソップ童話など4種類も童話を読み比べて、そこに出てくる動物で統計を考えるなんて、楽しそう」

「20話ずつも読んだんだって。すごいや」

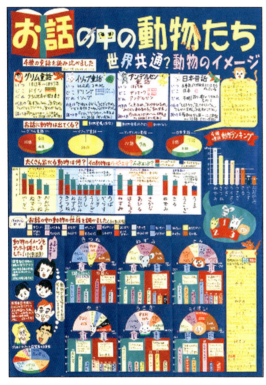

ハッピーエンドとバッドエンドに分けたところが面白い！

日本人と外国人に動物のイメージを調査して、比較している点もすごくいい

第64回統計グラフ全国コンクール
第2部（小学校3年生及び4年生の児童）特選
新潟県上越市立春日小学校・小川芽生さん
「お話の中の動物たち　世界共通？動物のイメージ」

「確かに、動物によって、悪役だったり、良い役だったり、私たちのイメージには傾向がありそう」

「たくさん集めて数えると、集団の傾向がわかりますね」

「大臣賞を目指して、次の統計グラフコンクールに応募しま〜〜す」

ここで紹介した取り組みを統計的探究活動という
今、小学校から中学校、高校、大学でも、とても重要視されている活動です。

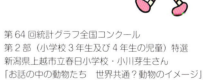
次のページにつづく

5章★統計グラフを使ってなにが見える？

問題を解決するには？〈2〉

グラフを組み合わせて伝える力を

小学生と中学生の統計グラフ全国コンクール受賞作品2つを紹介します。

「はじめは、文部科学大臣賞を受賞した小学校1年生の作品です。『あったかことば』について、クラス34人にアンケートをとった結果を絵グラフで整理しています」

「クラスで半分以上の生徒が使ってるし、これからも使いたいと思ってるんだ。仲良しでいいな……」

イラストも入っていてわかりやすい

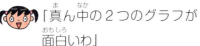「真ん中の2つのグラフが面白いわ」

「いいところに気がつきましたね」

第61回統計グラフ全国コンクール
第1部（小学校1年生及び2年生の児童）特選
茨城県五霞小学校・青柳大貴さんほか4名
「もっとたくさんつかおうね！『あったかことば』」

あったかことばを言われた時と使った時、2つの質問の回答を比べやすいように、真ん中に項目を持ってきています。

「どちらも、『うれしくなった』が最も多く、クラスの半分を超えてるわ。あったかことばはいいものだから、使っていこうという思いがわかりました」

「次は、総務大臣特別賞を受賞した中学3年生の作品で、『終わらない夏』というタイトルの野球の試合結果についてのグラフです」

「自分のチームが出場した公式戦24試合の結果をグラフにしているのね」

「試合のデータは、たくさんあるけれど、どうグラフを作ったらいいのか難しいんだ」

「グラフ作りは目的を先に決めないといけませんね。この場合は勝った試合、負けた試合、どこに違いがあるのかを見つけるために、グラフを作っています」

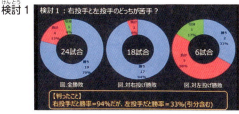

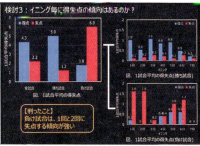

第61回統計グラフ全国コンクール
パソコン統計グラフの部（小学校の児童以上）特選
岐阜県大垣市立星和中学校・山田圭吾さん
「"終わらない夏"〜最後の大会に向けて〜」

「なるほど！　検討1では、全体での勝った数と負けた数を円グラフで示した後で、相手のピッチャーは右投手の時と左投手の時でちがうことを伝えているんだ。左投手に弱いというチームの特徴がわかるね」

「1回2回が要注意だってわかる！」

「検討3も面白い比較よ。負けた試合は1回と2回で失点している傾向がすぐわかるわ」

「左投手に注意して、1回と2回は特に失点しないようがんばるのが勝つコツというわけか……。うーん。結果は準優勝！」

わかりやすく伝えるために統計グラフの組み合わせを考えてみよう！

5章★統計グラフを使ってなにが見える？

実際にやってみる？〈1〉
統計的な探求プロセスを使いこなそう

統計についてだいぶ勉強が進んできましたね。次は統計的にものごとを探究する時の手順や段取りについて考えてみましょう。

「まず、統計的に何かを明らかにしていく一連の活動を統計的な探究プロセスと呼びます。右下の図は、ニュージーランドの学校の統計の授業で使われている統計的な探究プロセスをまとめた図です。『きみはデータ探偵になれるかな？』といったニュアンスで表題が書かれています」

「統計を使って明らかにするところが謎を解き明かす探偵みたいなのね」

「なんかかっこいいね」

「右の図で描かれている**統計的な探究プロセスは5つに分けられています**」

Problem（問題）	問題を把握し統計的な問いかけの形にまとめる
Plan（計画）	① 調べる項目を考える ② 実験の仕方やアンケートのとり方などデータの集め方を考える
Data（データ）	① データを実際に集める　② データを整理する ③ データに誤りや漏れなどないか確認する
Analysis（分析）	① データを分類する　② 表やグラフを作る ③ データの特徴をとらえる
Conclusion（結論）	① データの特徴がなにを表しているのか考える ② はじめの問いかけに対する結論を出す ③ さらに探究することはないか考える ④ 出した結論をみんなに伝える

出典：http://new.censusatschool.org.nz/resource/data-detective-poster/

「最初の『統計的な問いかけの形にまとめる』というのは、以前にやったわ」

「そうですね。解決したい問題や探究したい問題は初めから統計的な問いかけにはなっていないので、工夫する必要があります」

> 「よく売れる新商品を作りたい」は大きな分析の目的ですが、そのために、「今売れている商品にはどんな特徴があるのか」など、具体的な統計的探究をします。

「次の『調べる項目を考える』っていうのもやったし、表やグラフも習っているから、できそうだね。でも3つ目の『データ』のところは聞いたことがないかも」

「『データ』のところは、実際にデータを集める活動や、紙で記録してきたデータをパソコンに入力する作業などです。他には、集めてきたデータにおかしなところはないかどうか確認する作業も入っています」

> たとえばアンケートなどでは、みんなが正確に回答したり記入したりしてくれるわけではなく、自分の年齢を150歳と書くなどということもあります。記入ミスかふざけて書いたのかはわかりませんが、こういう回答をした人のデータは他の項目も信用できないので、分析の時に除外することもあります。

「なるほど。実際に調査をしてみるといろいろなことが起きるのね」

「集めたデータをそのまま全部分析すればいいというわけでもないんだね」

「その通りです。皆さんもだんだん立派な『データ探偵』になってきましたね」

> **統計は、行き当たりばったりで使うのではなくて、この5つのプロセスを理解して、初めからどういう手順で進めていくのか計画を立てて取り組めば、効率よく探究することができる**

次のページにつづく

5章★統計グラフを使ってなにが見える？

実際にやってみる？〈2〉

問題➡計画➡データ➡分析➡結論

では、実際に統計的プロセスに沿って問題を考えてみましょう。

【問題（Problem）】

「では問題です」

> ある小学校の5年生の子どもたちは、2年生との交流会でなにをするか考えていました。どんなことをするかは、5年生が決めることができます。

「好きなことをしていいんだ」

「そうです。5年生は、**2年生に楽しんでもらうにはどうしたらいいか**という問題を持っています。これは統計的な問題ではありません。どうしたら**統計的な問題**になりますか？」

「やりたいことをアンケートしてみたらどう？」

「いいですね。統計的な問題にうまくまとめました」

【計画（Plan）】

「では**計画**を立てましょう。アンケートは**いつ、どこで、だれに、なにを、どうやって**聞くかが大切です」

「だれには、2年生たちよね。5年生にも聞きたいわ。**どうやっても**アンケート用紙に記入してもらうとして、大事なのは**なにを**聞くかだね」

「『なにがしたいですか』って漠然と聞いても答えがばらばらでまとまらないかもしれないわ。**いくつか候補を挙げて1つだけ○をつけてもらう**のでどうかしら」

「やりたくないものがあったら1つだけ×をつけてもらおう」

【データ（Data）】

「2人が考えた内容でアンケートをとり、集計してみました」

	Problem（問題）
	Plan（計画）
	Data（データ）
	Analysis（分析）
	Conclusion（結論）

「あれ、1つだけ〇をつけてとお願いしたのに、〇を2つつけている子がいるよ」

「本人に確認するか、集計から外すしかないわ」

【分析（Analysis）】

「〇がついた項目と×がついた項目でそれぞれ棒グラフにしてみたよ。2年と5年でもちがうね」

「2年生の意見を尊重したいから、2年の〇は2ポイント、5年は1ポイントにして計算するのはどうかしら」

「じゃあ、×がついた項目はマイナスポイントにして、これも2年なら2ポイント、5年1ポイントにしよう」

「計算した結果をグラフにまとめてみたわ。1番はドッジボールね」

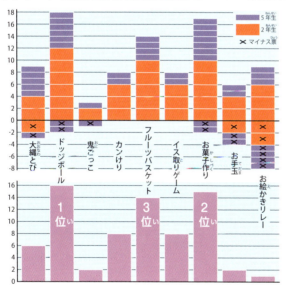

アンケートの集計を計算し直した結果（下はマイナス分を引いたもの）

ドッジボールは2年生に人気が高かったから、ポイントで多くなったのね！

【結論（Conclusion）】

「じゃあ交流会ではドッジボールをやろう！ 統計を使って決められたね」

「アンケートの聞き方やポイントのつけ方によっても、きっと結果は変わってくるわね」

一通り探究プロセスを行った後も、多くの場合さらに探究したいことが出てきます！
探究に終わりはないのでさらに深めていこう

5章★統計グラフを使ってなにが見える？

総復習！まず、なにを対象とする？
データを分析する5つのポイント

ここまでいろいろ勉強してきましたが、データの分析に自信がつきましたか？分析にはポイントがあります。見ていきましょう。

「統計的探求のプロセスの中のデータの分析は、じつは、5つのポイントが大切なんです」

「5つ？」

「そうです。次のたったの5つです」

> ①全体の傾向　②比較　③関係　④変化　⑤分類

「分析はじっくりってことかな？」

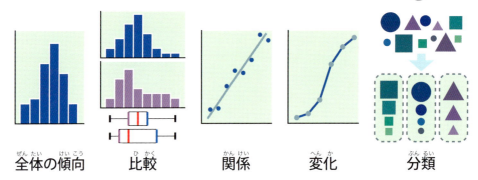

全体の傾向　　比較　　関係　　変化　　分類

「たとえば落とし物の問題で考えてみましょう」

「具体的にどんなことですか？」

データの分析の場合は、まず、**何を対象とするのか？** をはっきりさせておかなければなりません。

「学校全体の落とし物の数なのか、学級の落とし物の数なのか？」

「1人1人の生徒の落とし物の数なのか……？」

「そうですね。では、**学級での落とし物の数を対象にしましょう**。学級ごとに、数はばらつきますね。そこでデータの分析が必要になってきます」

「学級の落とし物の数の傾向を調べるのが、①の全体の傾向、ですね」

「最小（最少）や最大（最多）、平均や中央値、ヒストグラムなどで分析するんだ！」

「2回調査をするとして、1回目の調査と2回目の調査で、学級ごとの落とし物の数の分布を比較したのが、②の比較、ですね」

「たとえば、東小学校と西小学校での学級ごとの落とし物の数の比較、も考えられるね」

「③の関係は？」

「『遅刻した生徒の数』と『落とし物の数』は、関係がある？」

「『学級の中の男子の数』と『落とし物の数』の方が関係ありそう」

「えっ、どうして……」

「週ごとの落とし物の数の変化を分析するのが④の変化です。また、落とし物の数や種類の特徴で、学級を分類したりするのが、⑤の分類に相当します」

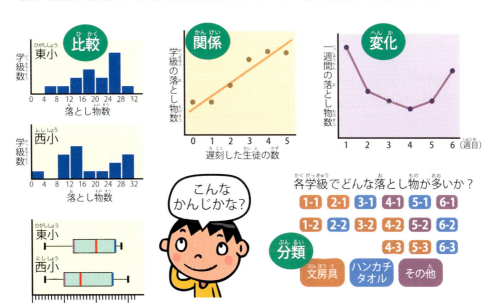

こんなかんじかな？

この5つのポイントを覚えておくと、自由研究や課題学習の時に、データの分析がスイスイできるようになる

エピローグ★統計学の未来

人工知能（AI）のビッグデータ活用って？
"ディープラーニング"を支える統計

今、人工知能（AI）はテレビでも新聞でも注目の的ですね。人工知能の開発に使われている「ディープラーニング」という方法を紹介しましょう。

「将棋をおじいさんに教えてもらったら、とっても面白くて、最近は、将棋の本を買って勉強しているんだ」

「コンピューターとプロ棋士の対局もあって、コンピューターも強いそうね」

「囲碁や将棋でも、コンピューターがトッププロと同じくらいの実力になっています。いわゆる人工知能の成果です」

「コンピューターはどうやって強くなるの？」

「ぼくは、定跡（昔から伝わっている、最善とされる決まった指し方）を覚えたり、プロが指した将棋をたどってみたりしているよ」

「コンピューターも同じようなことをやっています。人が指した将棋の記録や勝敗をデータとして活用しているのです。ディープラーニング（deep learning）という方法が使われていて、人間の脳のしくみをまねたニューラルネットワーク（neural network）という計算法でデータを処理しているのです」

脳の神経回路

コンピューターのニューラルネットワーク

コンピュータは人の脳のしくみをまねてたくさんのデータを活用するのね

「そっか。これまでのデータを使って、いい手を探しているのね」

「ぼくは3手先、つまり自分がこう指せば、相手がこう指して、そこでこう指せばよい、というところぐらいはなんとか考えるようになったよ」

「でも将棋は複雑なゲームだから、次に指す手を全部挙げるとものすごい数になると思うわ。コンピューターはそれを全部調べているの？」

う〜ん、これは手ごわい…ものすごく勉強してるぞ

「昔はすべての指す手を調べて、最も良い手を探していました。でも調べるべき指す手が多すぎてうまくいかなかったのです」

> ディープラーニングという方法は、すべての指す手を調べることなく、過去の将棋の大量のデータをうまく活用することで判断するやり方です。データが多ければ多いほど正解に近い答えを選べるようになるしくみで、コンピューターどうしで戦わせて"経験"を積ませ、データを集めることも可能になります。

「コンピューターも練習するんだ」

「車の自動運転や、人と会話できるロボットも同じしくみかしら」

「そうですね。今、ディープラーニングやビッグデータを活用した人工知能の開発が進んでいます。基礎になっているのが、統計的な考え方です。良いデータを用意してあげるのが大切だからです」

人工知能（AI）の開発は、統計の力を基礎にしている

エピローグ★統計学の未来

ビッグデータと３つのV
明日のための統計学

統計学を学ぶための一番大事なことってなにか、考えてみましょう。

「『統計学』、楽しめましたか？」

「いろいろなところで活用されていることを知って、本当にびっくり」

「データから得られた情報を活用できると、たくさんいいことがあるって実感！」

「さて、最近統計学に注目が集まっていますよね。どうしてでしょう」

「コンピューターが発達したからかな」

「データを処理するためにコンピューターの発達は重要ですよね。他には？」

「データを集めやすくなっていると聞いたことがあります。**ビッグデータ**という言葉も関係していますよね」

「**ビッグデータは重要なキーワードです。統計学を活用するためにデータは欠かすことができません**。そのデータが、大量に、瞬時に手に入るようになってきました」

「スーパーマーケットの話にもあったね。サッカーのデータも自動的に記録されていると聞いたことがある」

「**数字のデータだけでなく、画像や音声、動画などもビッグデータには含まれる**のよね」

3つのVとは、次を指します。
❶ペタバイトやエクサバイト級※の巨大な量のボリューム(Volume)
❷これまでと比較にならないスピードを意味するベロシティ(Velocity)
❸多様のデータを意味するバラエティ(Varietey)
※バイトは、データの大きさを表すための単位。ペタは10の15乗で1000兆、エクサは10の18乗で100京を表す。

「動画の分析とか面白そう！」

「インターネットの掲示板やツイッターのつぶやきの内容も、分析されているのよね」

「そうそう、今、**分析されるデータの種類**もいろいろになっています。そのための新しい分析方法の提案も行われています」

「統計学はどんどん発展しているのね」

「発展していますが、**基本的な統計学の考え方**を身につけていれば、新しい分析方法も簡単に身につけることができますよ」

もう一度、最初から『統計学はじめて図鑑』をしっかり読みなおそう！

ぼくも!!統計でいろんなデータの分析をしてみたい！

これから統計学はますます進化発展していきます。対応するためには、**統計学の基本的な考え方を、しっかり身につけることが大切！**

◎監修者・著者紹介

渡辺美智子（わたなべ・みちこ）　理学博士
慶應義塾大学大学院健康マネジメント研究科教授。放送大学客員教授（TV「身近な統計」主任講師）。統計グラフ全国コンクール審査会委員長。専門は統計学と統計教育。2012年度日本統計学会賞受賞、2017年度科学技術分野の文部科学大臣表彰科学技術賞受賞。著書に『身近な統計』（共著・放送大学教育振興会）、『表とグラフを使おう！　自由研究・プレゼンにチャレンジ』（監修・汐文社）、『今日から役立つ　統計学の教科書』（監修・ナツメ社）ほか。

青山和裕（あおやま・かずひろ）　教育学修士
愛知教育大学数学教育講座准教授。日本数学教育学会数学教育編集部幹事。日本科学教育学会代議員。専門は数学教育で特に統計教育。2016年度日本統計学会統計教育賞受賞。著書に小学校算数教科書『わくわく算数』（共著・啓林館）、中学校数学教科書『未来へひろがる数学』（共著・啓林館）、『教科教育学シリーズ　算数・数学科教育』（共著・一藝社）ほか。

川上 貴（かわかみ・たかし）　教育学修士
宇都宮大学教育学部専任講師。日本科学教育学会理事会幹事（庶務）、日本数学教育学会渉外部幹事。専門は教科教育学（算数・数学教育）。特に数学的モデリングや統計教育について研究している。2013年度日本統計学会統計教育賞、2013年度日本科学教育学会年会発表賞受賞。著書に『アクティブ・ラーニングを位置づけた小学校算数科の授業プラン』（分担執筆・明治図書）ほか。

山口和範（やまぐち・かずのり）　理学博士
立教大学経営学部教授、国際化推進担当副総長。国際統計教育学会ICOTS10事務局長。専門は統計学と統計教育。著書に『ビッグデータ時代に求められる統計的思考力』（日本規格協会）、『図解入門　よくわかる統計解析の基本と仕組み』（秀和システム）、『図解入門　よくわかる多変量解析の基本と仕組み』（共著・秀和システム）ほか。

◎イラストレーター紹介

友永たろ（ともなが・たろ）
大分県生まれ。東京都在住。イラストレーター。子どもの本、生物、科学、自然関係を中心に活躍。毎日小学生新聞の「Let'sデータサイエンス」のイラストを3年間担当し、最近は統計学にも興味津々。

- 編集協力　毎日小学生新聞編集部／株式会社ビデオリサーチ
- ブックデザイン　有限会社ササキデザイン・オフィス
- 企画編集　株式会社日本図書センター

レッツ！データサイエンス

親子で学ぶ！統計学はじめて図鑑

2017年4月25日　初版第1刷発行

監修者	渡辺美智子
著者	青山和裕・川上 貴・山口和範・渡辺美智子
イラスト	友永たろ
発行者	高野総太
発行所	株式会社日本図書センター

〒112-0012　東京都文京区大塚3-8-2
電話　営業部　03-3947-9387
　　　出版部　03-3945-6448
URL http://www.nihontosho.co.jp
印刷・製本　図書印刷 株式会社

Printed in Japan
ISBN978-4-284-20394-4　C8033